Graham Fitzpatrick

Gottes Stimme erkennen

STIWA Druck und Verlag GmbH
D-7068 Urbach

Titel der Originalausgabe: HOW TO RECOGNIZE GOD'S VOICE

Übersetzung: Karl-Otto Böhringer
Umschlaggestaltung: Dieter Illgen

1. Auflage, 1986

ISBN 3-923310-96-X

Herstellung:
STIWA Druck und Verlag GmbH, D–7068 Urbach

Inhalt

Fragen zum Bibelstudium

Anleitung

Dieses Buch enthält eine Anzahl von Fragen für das Bibelstudium. Sie sind angegeben, damit Bibelstundengruppen, Hauskreise oder andere kleine Gruppen eine Anleitung zum Studium der Bibelstellen haben, die sich auf die Themen dieses Buches beziehen.

Deine Gruppe kann diese Fragen entweder kapitelweise oder in anderen Einheiten beantworten.

Vertraue dem Herrn, daß er dir die Antworten auf diese Fragen zeigt. Dieses Buch ist nicht dein Textbuch. Die Bibel ist dein Textbuch und die Quelle der Wahrheit.

Die verwendeten Bibelübersetzungen sind: Luther = (L.) und Gute Nachricht = (G. N.)

1
Die Heilige Schrift

Erkennen zu können, wie Gott redet, ist eine außerordentlich wichtige Sache für jeden Menschen. Es gibt verschiedene Arten, durch die Gott redet.

Die **wichtigste** und **allein unfehlbare** Art, durch die Gott zu den Menschen redet, ist durch die Heilige Schrift. Obwohl die Schreiber der biblischen Bücher nicht unfehlbar waren, sind es doch das inspirierte Wort und die Lehren der Bibel.

Die Bibel ist für die echten Christen das Wort Gottes. Gott teilt dir **seine Gedanken** durch das gedruckte Wort mit. Wenn du wissen möchtest, was Gott über einen bestimmten Punkt denkt, dann suche die Antwort in den Versen der Heiligen Schrift.

Die einzige völlig wahre und zuverläßige Quelle

Gott hat durch das inspirierte Wort der Bibel offenbart, daß die Heilige Schrift die einzig völlig wahre und zuverläßige Quelle ist, durch die wir Gottes Gedanken erfahren können. Lies, was 2. Timotheus 3, 16 zum Ausdruck bringt:

> *»Alles, was in den Heiligen Schriften steht, ist* ***von Gottes Geist*** *eingegeben und verhilft dazu, den Willen Gottes zu erkennen, die eigene Schuld einzusehen, sich Gott wieder zuzuwenden und ein Leben zu führen, das ihm gefällt«* (G. N.).

Wenn Du den Willen Gottes wissen und ausleben willst, müssen deine **Gedanken, Absichten und Handlungen** erfüllt und in Übereinstimmung sein mit den Lehren der Heiligen Schriften. Josua 1, 8 zeigt uns, daß wir das Wort Gottes täglich betrachten sollten.

Kein anderes Buch als die Bibel enthält die völlige Wahrheit von Gott. Die Schriften der Hindus, die Lehren Buddhas, das Buch Mormon und andere schriftlich niedergelegte religiöse Lehren wurden nicht von Gott inspiriert, auch wenn sie edle Ziele, wie z. B. Menschen zu helfen, verfolgen. Sie sind **menschliche Meinungen** über Gott. Die Bibel ist Gottes Offenbarung über sich selbst, wie sie uns durch die Propheten, Apostel und anderen Schreiber des Alten und Neuen Testaments hinterlassen wurde.

Manche Kirchenbesucher räumen der Bibel keinen wichtigen Platz in ihrem Leben ein. Sie argumentieren, daß die Heiligen Schriften nicht wichtiger seien als die Schriften von Theologen oder Philosophen und die Bücher anderer Religionen.

Dies ist verkehrt. Jesus und die Apostel verließen sich nie auf die Lehren von Theologen oder Philosophen oder die religiösen Erfahrungen anderer Personen als zuverlässige Quelle und Grundlage ihrer Lehre.

Die Bibel als letzte Autorität

Das Neue Testament zeigt klar, daß Jesus und die Apostel laufend aus den alttestamentlichen Schriften zitierten als Beweis der Zuverlässigkeit ihrer Lehre. Lies die Evangelien und die Apostelgeschichte und beobachte, wie oft Jesus und die Apostel tatsächlich das Alte Testament heranzogen. Die Apostel betrachteten auch jedes Wort Jesu, wie es später im Neuen Testament festgehalten wurde, als Wort Gottes.

Beachten wir, was Jesus in Matthäus 5, 17 + 18 über die Wichtigkeit der Heiligen Schriften sagte:

»Denkt nicht, ich sei gekommen, um das Gesetz Moses und die Weisungen der Propheten außer Kraft zu setzen. Ich bin nicht gekommen, um sie außer Kraft zu setzen, sondern um ihnen volle Geltung zu verschaffen. Ich versichere euch: solange Himmel und Erde bestehen, **bleibt auch der letzte i-Punkt im Gesetz stehen.** *Das ganze Gesetz muß erfüllt werden« (G.N.).*

Im vorhergehenden Abschnitt bedeuten »das Gesetz Moses und die Weisungen der Propheten« das Alte Testament als Ganzes. Jesus sprach ebenfalls von der Wichtigkeit der Heiligen Schriften, als er in Johannes 10, 35 sagte:

»Was in den Heiligen Schriften steht, ist unumstößlich« (G.N.).

Jesus brachte deutlich zum Ausdruck, daß jede von Menschen gemachte religiöse Meinung, Theorie oder Lehre falsch ist, die mit den Lehren der Heiligen Schriften nicht übereinstimmt. In Markus 7, 5–8 heißt es:

»Daher fragten die Pharisäer und Gesetzeslehrer Jesus: ›Warum richten sich deine Jünger nicht nach den Vorschriften der Vorfahren, sondern essen mit unreinen Händen?‹ Jesus antwortete ihnen: ›Der Prophet Jesaja hat treffend von euch Scheinheiligen gesprochen! In seinem Buch heißt es ja: Dieses Volk da ehrt mich nur mit Worten, sagt Gott, aber mit dem Herzen ist es weit weg von mir. Ihr ganzer Gottesdienst ist sinnlos, denn sie lehren nur Gebote, **die sich Menschen ausgedacht haben. Gottes Gebot** *schiebt ihr zur Seite, aber an den* **Vorschriften von Menschen** *haltet ihr fest‹« (G.N.).*

Die Haltung des Paulus

Die Aussagen des Apostels Paulus zeigen ebenfalls, wie wir alle die Bibel einschätzen sollten. Er sagte in Römer 15, 4:

»Was in den **Heiligen Schriften** *steht, wurde* **geschrieben,** *damit wir daraus lernen. Es soll uns Mut*

zusprechen, damit wir standhaft bleiben und das Ziel erreichen, auf das wir hoffen« (G.N.).

Auch die Handlungen des Paulus zeigen, daß er die Schrift als Quelle der Lehre benützte. In Apostelgeschichte 17, 2+3 heißt es:

»Wie immer ging Paulus in die Synagoge und sprach zu den Versammelten. An drei aufeinanderfolgenden Sabbaten ***erklärte und zeigte er ihnen anhand der Heiligen Schriften,*** *daß der versprochene Retter leiden und sterben und danach vom Tod auferstehen mußte« (G.N.).*

Aus diesem geschichtlichen Bericht geht klar hervor, daß der Apostel Paulus weder die Aussprüche von Philosophen wie Plato oder Aristoteles noch die der Pharisäer Hillel und Shammai, die von vielen religiösen Juden hoch eingeschätzt wurden, als zuverlässige Quelle seiner Lehre benützte.

Stattdessen zitierte Paulus Verse und Lehren aus dem Alten Testament und den Worten und Lehren Jesu, die später im Neuen Testament aufgezeichnet wurden, als seine **endgültige** und **einzig unfehlbare** Quelle, wenn es um die Entscheidung ging, welche religiösen Lehren von Gott waren und welche nicht.

Beachte, wie streng sich Paulus an die Heilige Schrift als letzte Quelle der Autorität hielt, wenn er entscheiden mußte, welche religiösen Lehren von Gott waren und welche nur menschliche Meinung darstellten! Paulus korrigierte sogar die anderen Apostel, wenn sie irgendeiner von Menschen gemachten Lehre statt den Lehren des Alten Testamentes und Jesu in einer Angelegenheit folgten. Über die Begegnung mit dem Apostel Petrus in Antiochia schreibt er in Galater 2, 11–13:

»Als dann Petrus nach Antiochia kam, ***trat ich ihm offen entgegen,*** *weil er* ***Unrecht getan hatte.*** *Zuerst nämlich hatte er zusammen mit den nichtjüdischen Brüdern an den gemeinsamen Mahlzeiten teilgenommen. Als dann aber Leute aus dem Kreis um Jako-*

bus kamen, sonderte er sich ab und wollte ***aus Furcht*** *vor ihnen nicht mehr mit den Nichtjuden zusammen essen. Auch die anderen Juden blieben gegen ihre Überzeugung den gemeinsamen Mahlzeiten fern, so daß sogar Barnabas angesteckt wurde und genau wie sie* ***seine Überzeugung verleugnete*** *« (G.N.).*

Hier folgte Petrus den von Menschen gemachten religiösen Lehren einiger jüdischen Christen, die die biblischen Lehren mit den Traditionen der Pharisäer vermischten. Nach diesen Traditionen durfte kein Jude das Haus eines Nichtjuden betreten und darin essen. Diese Lehre war weder durch das Alte Testament noch durch Jesus begründet, deshalb beanstandete Paulus die Haltung des Petrus. Apostelgeschichte 10, 1–48 zeigt, daß Gott auch dem Petrus durch eine Vision gezeigt hatte, daß er sich nicht auf diese Weise von seinen nichtjüdischen christlichen Freunden trennen sollte.

Traurigerweise stellen auch heute einige irregeleitete kirchliche Führer heidnische Philosophen und andere religiöse Leiter und deren Ansichten auf die gleiche Ebene mit der Heiligen Schrift, wenn sie entscheiden wollen, welche religiösen Lehren von Gott anerkannt werden. Sie folgen den gerade modernen Philosophien an den Universitäten und theologischen Ausbildungsstätten, selbst wenn diese Lehren nicht mit den Lehren Jesu, der Propheten, Apostel und anderen Schreiber der Bibel übereinstimmen. Paulus sagte in 1. Korinther 3, 18–20:

»Niemand soll sich etwas vormachen: Wenn sich einer von euch nach den Maßstäben dieser Welt für weise hält, dann muß er erst einmal sein ganzes Wissen aufgeben, um wirklich weise zu werden. ***Was die Menschen für Tiefsinn halten, ist in den Augen Gottes Unsinn.*** *In den Heiligen Schriften heißt es: ›Gott fängt die Klugen im Netz ihrer eigenen Schlauheit.‹ Und es heißt auch: ›Der Herr kennt die Gedanken der Weisen und weiß, wie sinnlos sie sind‹« (G.N.).*

Apostelgeschichte 17, 28 berichtet, daß Paulus mindestens einmal bei seinen Predigten die Aussprüche einiger griechischer Dichter zitierte. Aber er benützte ihre Aussagen nicht als Quelle für sein Lehren und Predigen. Er benützte die Worte dieser Dichter nur als eine **Illustration** für seine Predigt an die Athener über etwas, was die **Bibel schon lehrte.** Paulus zitierte Dichter oder andere sogenannte große Menschen nicht, wenn ihre Aussagen sich von dem unterschieden, was das Alte Testament und Jesus lehrten.

Uneingeschränkter Gehorsam gegenüber religiösen Führern?

Die Handlungen des Paulus zeigen, daß er nicht auf die Lehren der höchsten religiösen Führer des Landes hörte, wenn sie anders lehrten oder handelten, als die Heiligen Schriften es zum Ausdruck brachten. Dazu gehört zum Beispiel die Haltung des Paulus gegenüber dem jüdischen Hohenpriester (vgl. Apg. 23, 1–5).

Das Amt des Hohenpriesters war von Gott zur Zeit Moses eingesetzt worden (vgl. 2. Mose 28, 1; 3. Mose 21, 10–15). Gott hatte die Stellung des Hohenpriesters im alten Israel **zur zweithöchsten religiösen Autorität** nach Mose gemacht. Aber die Hohenpriester zur Zeit Jesu verwarfen viele Lehren der Heiligen Schriften, die sich auf Jesus bezogen, verwarfen Jesus selbst und weigerten sich, vom Geist Gottes wiedergeboren zu werden (Matthäus 26, 3+4; 57–68; Apostelgeschichte 5, 17+18; 27–33; Apostelgeschichte 13, 26–34; Römer 8, 9). Deshalb lehnte Paulus ihre religiöse Autorität ab und lehrte andere, dasselbe zu tun. In Apostelgeschichte 23, 3 nennt Paulus den höchsten religiösen Führer Israels »eine getünchte Wand«, also einen Heuchler.

Paulus achtete nicht auf die Lehren der Philosophen, des jüdischen Hohenpriesters und der anderen religiösen Führer:

»Sie verabredeten sich für ein andermal. Am festgesetzten Tag kamen noch mehr von ihnen zu Paulus in seine Unterkunft. ***Vom Morgen bis in die späte Nacht*** *erklärte und bezeugte er ihnen, daß Gott angefangen hat, seine Herrschaft aufzurichten.* ***Mit Worten aus dem Gesetz Moses und den Schriften der Propheten*** *versuchte er, sie von Jesus zu überzeugen« (Apostelgeschichte 28, 23; G.N.).*

Während Paulus in Rom predigte, benützte er die Heiligen Schriften **als seine einzige Autorität** für seine Predigten. Es ist so schade, daß viele kirchliche Führer in den folgenden Jahrhunderten dem Beispiel des Paulus nicht folgten.

Der Apostel Petrus

Auch Petrus schätzte die Schrift sehr hoch. In 2. Petrus 1, 20+21 schreibt er:

»Denkt aber daran: Keine Voraussage in den Heiligen Schriften läßt sich mit dem eigenen Verstand deuten; denn die Botschaft der Propheten ist ***nicht von Menschen*** *gemacht. Die Propheten sind vom Geist Gottes ergriffen worden und haben gesagt, was Gott ihnen eingab« (G.N.).*

Petrus betrachtete die Aussagen des Alten und des Neuen Testaments als die letzte Autorität für die Entscheidung, welche religiösen Lehren richtig oder falsch sind.

Jesus wies Petrus zurecht

Immer wenn Petrus versuchte, etwas vorzuschlagen oder zu tun, was nicht mit den Lehren der Heiligen Schrift übereinstimmte, wurde er korrigiert.

Beim ersten dieser Fehler versuchte Petrus Jesus davon zu überzeugen, dem Leiden und Sterben aus dem Weg zu gehen (vgl. Markus 8, 31–33). Jesus wies Petrus zurecht, daß er Dinge von ihm erwartete, die nicht in Einklang mit den Voraussagen der alttestamentlichen

Propheten waren. Der zweite Fall ist die Begegnung mit Paulus in Antiochia, die schon besprochen wurde. Nachdem Petrus bei diesen beiden Gelegenheiten zurechtgewiesen worden war, hat er anscheinend seine Lektion gelernt. Deshalb zeigen seine Briefe, daß er seine falschen Einstellungen änderte, nachdem ihm die Wahrheit gezeigt worden war.

Petrus lehrte, daß die Briefe von Paulus an die frühen Gemeinden zu den Heiligen Schriften gehören. 2. Petrus 3, 15+16 lautet:

> *»Genau das hat euch auch unser lieber Bruder Paulus geschrieben,* ***dem Gott viel Weisheit gegeben hat.*** *Er sagt das in* ***allen seinen Briefen,*** *wenn er über dieses Thema schreibt. Doch es gibt in ihnen auch einige schwierige Stellen. Sie werden von unverständigen und haltlosen Leuten mißdeutet. Aber so verfahren diese Leute ja auch* ***mit den übrigen heiligen Schriften«*** *(G.N.).*

Petrus erklärte hier also nicht, daß die Briefe des Paulus an die Kolosser, Epheser, Römer und anderen Gemeinden nur die persönliche Meinung von Paulus zum Ausdruck bringen. Stattdessen betonte er, daß diese Briefe des Paulus **alle** Teil der Heiligen Schriften sind. Der Apostel Petrus betrachtete also die Briefe des Paulus an die Gemeinden als ganz von Gott inspiriert. Traurigerweise haben einige moderne kirchliche Führer eine andere Einstellung wie Petrus. Sie meinen, daß ein Teil der paulinischen Schriften und ein Teil der Schriften anderer Autoren in der Bibel nur deren eigene persönliche Meinungen darstellen.

Verschwende keine Zeit

In späteren Kapiteln wirst du erfahren, wie der Geist Jesu Christi andere Möglichkeiten benützt, um zu den Christen zu sprechen. Aber denke immer daran, wenn du diese liest, daß es einen kleinen Glauben an Gott und eine große Unwissenheit zum Ausdruck bringt, wenn du eine besondere Offenbarung des Heiligen Geistes über ein Thema erwartest, zu dem in der Bibel bereits Gottes Willen offenbart wurde.

Verschwende zum Beispiel nicht deine Zeit damit, eine innere Stimme des Heiligen Geistes darüber zu suchen, ob du außerehelichen Geschlechtsverkehr haben sollst. Die Bibel gibt darauf schon die Antwort. Du solltest also immer zuerst in der Bibel nachsehen, ob Gottes Gedanken zu einer Sache darin zu finden sind.

Erfahrungen dürfen nur als Beispiele benützt werden

Andere Kapitel in diesem Buch führen **geistliche Erfahrungen** an, um zu zeigen, wie Gott durch seinen Heiligen Geist zu den Menschen spricht. Diese Erfahrungen werden nicht als Quelle oder Grundlage für eine Lehre zitiert. Nur die Aussagen der Heiligen Schrift können als Grundlage und Beweis für das benützt werden, was ein Christ glaubt und lehrt.

Die Hauptsache in diesem Buch sind die Schriftstellen, die zitiert werden, und die Erklärungen, die zu diesen Schriftstellen gegeben werden. Die erwähnten Erfahrungen oder Zeugnisse, die sich auf den Verfasser beziehen, werden nur als moderne Beispiele für die Dinge gegeben, die die Heilige Schrift schon lehrt.

Es ist wichtig, Gott und seine Liebe, Kraft, Vergebung, Reinigung und andere Wunder persönlich zu **erfahren.** Es genügt nicht, nur mit dem Verstand alle richtigen Lehren der Bibel zu kennen. Obwohl Gott ein Gott der in der Bibel offenbarten Wahrheit ist (vgl. 1. Johannes 5, 6; Johannes 14, 6), will er ebenfalls, daß wir ihn im täglichen Leben praktisch kennenlernen. Epheser 3, 19 zeigt dies:

»Ihr sollt erkennen, wie unermeßlich die Liebe ist, die Christus zu uns hat und ***die alles Begreifen weit***

übersteigt. Dann wird die ganze göttliche Lebensmacht euch mehr und mehr erfüllen« (G.N.).

Wir dürfen jedoch unsere Lehren nicht auf die verschiedenartigen menschlichen und geistlichen Erlebnisse gründen. Deshalb wurden sogar einige gute Christen im Lauf der Jahrhunderte durch geistliche Erfahrungen getäuscht, welche ihnen Dinge richtig erscheinen ließen, die doch mit der Bibel nicht übereinstimmten. Gott hat uns die Bibel als letzten Beweis für jede wahre Lehre gegeben.

Dieses Buch möchte dich ermutigen, dich immer mit **schriftgemäßen** Lehren zu beschäftigen. Laß dich nicht auf den falschen Weg bringen, indem du die eigenen geistlichen Erfahrungen oder die Erlebnisse des Verfassers oder einer anderen Person zur Grundlage deines Glaubens machst, ganz gleich wie heilig oder gotthingegeben diese Person auch scheinen mag.

Fragen zum Bibelstudium

Kapitel 1
Die Heilige Schrift

1. Ist die Heilige Schrift die wichtigste Art, auf die Gott zu uns spricht? Warum?
2. Werden in der Bibel menschliche Meinungen über Gott berichtet oder ist sie Gottes Offenbarung von sich selbst an die Menschen?
3. Bedeutet die Tatsache, daß die Schreiber der Bibel in ihrer Grammatik oder in ihrem Schreibstil nicht vollkommen waren, daß Gott ihnen die Wahrheit, die sie niederschrieben, nicht offenbarte?
4. Welche Einstellung hatte Jesus zu den Heiligen Schriften?
5. Welche Einstellung hatten Paulus und Petrus zu den Heiligen Schriften?

6. Hatte Paulus recht, daß er die Haltung des Petrus korrigierte (Galater 2, 11–14)?
7. Wenn eine bekannte religiöse Persönlichkeit etwas lehrt, das nicht mit der Bibel übereinstimmt, wem sollten wir dann glauben — der Bibel oder ihm/ihr?
8. Sollten wir eine Offenbarung des Willens Gottes durch den Heiligen Geist erstreben, wenn die Bibel uns schon zeigt, was sein Wille in dieser Sache ist?
9. Können wir unsere Lehren auf unsere eigenen geistlichen Erfahrungen oder die anderer Leute von Gottes Kraft, Liebe und Wundern gründen?
10. Was ist der Vorteil, daß Gott seine Gedanken und seinen Willen in einem Buch niedergelegt hat?

2

Wie Gott auch noch redet

Die Bibel ist die wichtigste Art, durch die Gott zu uns redet, wie Kapitel 1 zeigte. Sie ist die **einzige** unfehlbare Quelle für göttliche Leitung, den anderen drei Arten, durch die Gott mit uns redet, weit überlegen und viel weniger anfällig für menschliche Irrtümer. Diese drei Möglichkeiten sind:

- *Das innere Zeugnis Gottes, des Heiligen Geistes*
- *Die innere Stimme Gottes, des Heiligen Geistes*
- *Anzeichen in unseren Lebensumständen.*

Gott redet deshalb auf diese drei Arten, weil es im Leben jedes Menschen Situationen gibt, auf die die Bibel keine spezifische Antwort gibt.

Die Bibel sagt dir zum Beispiel nicht, ob du in Frankreich, Griechenland, China oder einem anderen Land leben sollst. Sie gibt auch keine Anweisungen, ob du in der Stadt oder auf einem Bauernhof wohnen oder ob du auf dem Postamt, als Arzt oder in einem anderen Beruf arbeiten sollst. Die Bibel gibt keine Antwort darauf, ob du eine leitende Stellung annehmen sollst oder nicht. Sie erklärt Frauen nicht, wen sie heiraten und ob sie überhaupt heiraten sollen. Auch die Männer erfahren darin nicht, ob sie Susi oder Heidi heiraten oder ledig bleiben sollen. Die Bibel erklärt nicht, wie du dein Geld investieren sollst, ob du einen Bauplatz oder ein Geschäft kaufen sollst. Sie bringt nicht einmal zum Ausdruck, daß du dein Geld anlegen sollst. Sie sagt auch nicht, ob du für dieses oder jenes Wunder beten oder ob du in deiner Gemeinde als Sonntagsschullehrer oder Seelsorger mitarbeiten sollst. In der Bibel findest du keine Antwort, ob Gott möchte, daß du dein Leben aufs Spiel setzt, indem du Bibeln in kommunistische oder in mohammedanische Länder bringst, ob du zu diesem oder jenem Zeitpunkt heiraten, ob du diese oder jene Automarke kaufen und welche Sportart du betreiben sollst, um deinen Körper gesund zu erhalten.

Deshalb ist es notwendig, in der Bibel nachzuforschen, auf welche weniger wichtigen, aber dennoch nicht unwichtigen Arten Gott zu den Menschen reden möchte. Davon handeln die nächsten Kapitel.

Gott redet nie etwas, das dem geschriebenen Wort widerspricht

Gleich von Anfang an wollen wir festhalten, daß der Geist Jesu dir **nie** ein inneres Zeugnis, eine innere Stimme oder ein Anzeichen gibt, durch das dir Gott etwas sagt, was den Lehren der Bibel widerspricht. Er wird das **nie** tun. Denke bitte daran, während du die folgenden Kapitel durchgehst.

Es gibt heutzutage zu viele Christen, die behaupten, daß ihnen der Heilige Geist etwas gesagt hat, obwohl dies gar nicht stimmt.

Wir können göttliche Führung nicht verdienen

Die folgenden Kapitel zeigen, daß man empfänglicher für die Stimme Gottes wird, wenn man zum Beispiel betet und den Herrn preist. Aber der Verfasser will dadurch nicht zum Ausdruck bringen, daß Christen durch Gebet und Lobpreis Gott **zwingen** können, zu ihnen zu reden, oder daß sie eine Antwort von ihm **verdienen** können. Wir können Gott nicht zwingen, zu uns zu reden. Wir können uns auch durch Gebet, Lobpreis und andere Bemühungen nicht würdig genug machen, daß Gott sich verpflichtet fühlt, zu uns zu reden.

Gott möchte nicht deshalb zu uns reden, weil wir gut genug sind, sondern weil er uns liebt und weil er durch den Tod und die Auferstehung Jesu Christi eine persönliche, auf Liebe und Vertrauen aufgebaute Beziehung mit jedem von uns haben möchte.

Gott kann jederzeit zu uns sprechen, wenn er das möchte. Indem wir jedoch mehr beten und einige der anderen biblischen Grundsätze anwenden, die dieses Buch empfiehlt, können wir unsere Gedanken dem Geist Jesu öffnen, wenn er versucht, mit uns Verbindung aufzunehmen. Daran solltest du denken, wenn du das Kapitel »Die Entwicklung der Fähigkeit, Gottes Stimme zu erkennen« und andere Teile dieses Lehrbuches liest.

Wie man die Einflüsterungen Satans von Gottes Stimme unterscheiden kann

Wir müssen lernen, die Führung Gottes, des Heiligen Geistes, von den Einflüsterungen satanischer Geister sowie von unseren eigenen menschlichen Vorstellungen und Gedanken unterscheiden zu lernen. Gott möchte, daß du seine Stimme kennst. Höre auf Gottes Stimme, denn sonst wirst du nie fähig, im Glauben und Gehorsam eng mit Gott verbunden zu sein. In deinem christlichen Leben wird immer etwas fehlen.

Manche Christen wissen, wie wichtig es ist, den Lehren der Bibel zu gehorchen. Aber sie wissen wenig davon, wie man Jesus Christus im täglichen Leben durch die Führung des Heiligen Geistes gehorcht. Die Ursache dafür ist oft eine geistliche Unwissenheit, denn man hat sie nie gelehrt, wie sie zwischen den Dingen, die von Gott, dem Heiligen Geist, stammen und denen, die durch menschliche Gedanken oder dämonische Einflüsterungen verursacht sind, unterscheiden können.

Andere Christen fürchten sich vor dem Gedanken, Tag für Tag durch Gott, den Heiligen Geist, geleitet zu werden. Doch Furcht ist Mangel an Glaube, wie Matthäus 14, 30+31 erklärt. Andere wollen sich nicht durch Gottes Geist leiten lassen, weil sie Gott nur in einem gewissen Teilbereich ihres Lebens haben möchten.

Du mußt nicht jede Minute jeden Tages beten, um Gottes Stimme vernehmen zu können. Wenn du jedoch nicht bereit bist, **jeden Tag eine Stunde oder mehr im Gebet zu verbringen,** wird es dir schwerfallen die Führungen Gottes durch den Heiligen Geist zu erkennen.

Gott kann reden, wenn du nicht betest

Gott kann versuchen, auch dann zu dir zu sprechen, wenn du nicht betest. Zum Beispiel redete Gott mit Mose in der Wüste Midian, als Mose nicht betete (vgl. 2. Mose 3, 1–4). In 1. Samuel 3, 1–9 versuchte Gott mit Samuel zu reden, obwohl er zu der Zeit nicht betete — Samuel dachte sogar, sein Herr Eli rufe ihn.

Gott kann zu irgendeiner Zeit mit dir reden. Aber wenn du betest, ist es **wahrscheinlicher,** daß du innerlich für Gottes Stimme empfänglich bist.

Man sollte nicht zu beschäftigt sein

Bist du der Meinung, daß du zuviel Arbeit hast, um mit Gott reden und auf ihn hören zu können? Dann verschwendest du deine Zeit für weniger wichtige Dinge.

Die gesegnetsten Christen aller Denominationen und aller Jahrhunderte waren Männer und Frauen, **die eine Stunde oder mehr jeden Tag** damit verbrachten, im Gebet auf Gottes Führung zu achten, und die während des restlichen Tages immer wieder kurze Gebete zu Gott emporschickten. Dadurch wurden diese Christen selber empfänglich für den Geist Jesu. Ich denke dabei an das Leben von Gottesmännern wie Wesley, Finney, Moody und Whitefield, um nur einige zu nennen.

Eine innige persönliche Liebe zu Gott

Suche nicht aus dem Grund Gottes Stimme besser erkennen zu lernen, um die Lösungen für deine Probleme leichter zu finden. Gott wünscht, daß du seinen Willen kennst. Er möchte dir auch die Lösung für deine Probleme geben. Aber der Hauptgrund, warum er dich mehr an seine Stimme gewöhnen möchte, die durch die Bibel und die innere Leitung des Heiligen Geistes spricht, ist **die Vertiefung des innigen persönlichen Liebesverhältnisses zu ihm.**

Es ist wichtig, auch **gemeinsam in der Gemeinde** Gemeinschaft mit Gott zu haben, wo die Gläubigen sich zu Lehre, Gebet, Lob, Brotbrechen und freundschaftlichem Kontakt treffen. Dies ist aus Hebräer 10, 25; Apostelgeschichte 2, 46+47 und 5, 42 zu entnehmen. Die Gemeinschaft mit Gott in einer Gruppe ist jedoch allein nicht ausreichend. In den Lehren der Bibel wird auch eine starke persönliche Liebesbeziehung zu Gott immer wieder hervorgehoben.

Manche Menschen versuchen, ohne eine gemeinschaftliche Beziehung zu Gott in der Gruppe auszukommen. Andere vernachlässigen eine innige persönliche Beziehung zu ihm. Jeder Gläubige braucht **beides.**

Du kannst gewöhnlich dann am meisten über Gottes Willen für dein Leben erfahren, wenn du eine tiefere Gemeinschaft mit ihm und eine wachsende Liebe zu ihm suchst.

In Psalm 34, 10+11 heißt es:

»Ihr, die ihr dem Herrn gehört, unterstellt euch ihm! Wer ihm gehorcht, kennt keine Not. Selbst starke Löwen leiden oftmals Hunger; doch wer zum Herrn kommt, findet alles, was er zum Leben nötig hat« (G.N.).

Für den Verfasser schließt »alles, was er zum Leben nötig hat«, das Hören von Gottes Stimme und die Erkenntnis seines Willens ein. Auch Psalm 105, 4 spricht davon, daß man danach trachten soll, Gott enger und persönlicher zu kennen als irgend jemand anderes. Wörtlich heißt es:

»Geht zum Herrn, denn er ist mächtig; ***sucht seine Nähe zu aller Zeit!«*** *(G.N.).*

Je mehr du Gott auf eine innige, persönliche Weise **kennst,** um so mehr wirst du fähig sein, die Stimme seines Geistes zu erkennen.

Andere wichtige Punkte

Natürlich ist es nicht notwendig, besonders für all die kleinen routinemäßigen Entscheidungen zu beten, die du im Laufe eines ausgefüllten Tages machen mußt — wann du zum Beispiel essen, deine Haare kämmen oder ein Bad nehmen sollst. Eine vollständige Beantwortung dieser Frage wird in Kapitel 15 »Tägliche Übung, den Willen Gottes zu suchen« gegeben.

Ein letzter Punkt: Es ist aus zwei Gründen so außerordentlich wichtig, die biblischen Grundsätze zu verstehen und zu praktizieren, die sich auf das Reden Gottes durch das innere Zeugnis, die innere Stimme und die Lebensumstände beziehen. Erstens muß eine persönliche Beziehung zu Gott eine Kommunikation **in beiden Richtungen** über jedes Gebiet deines Lebens enthalten. Zweitens gibt es heute zu viele Menschen, die behaupten, daß Gott zu ihnen gesprochen habe, obwohl sie nur ihren eigenen Vorstellungen, ihren eigenen Gefühlen oder den satanischen Einflüsterungen folgen.

Wenn wir geduldig darauf warten, daß Gott zu uns redet, wird er uns auf rechter Straße führen und über viele Dinge mit uns sprechen.

Fragen zum Bibelstudium

Kapitel 2
Wie Gott auch noch redet

1. Können wir beim Erkennen des inneren Zeugnisses, der inneren Stimme und der Anzeichen in unseren Lebensumständen irren?
2. Würde Gott dir je eine Führung durch seinen Geist geben, die mit den Lehren der Bibel nicht im Einklang steht?
3. Kannnst du dir durch Gebet, Lobpreis, Fasten oder ähnliche Dinge eine Antwort von Gott verdienen, wenn du seinen Willen erkennen möchtest? Wozu sind diese Dinge da?
4. Was sind die Gründe, warum einige Christen nicht regelmäßig Gottes Führung durch seinen Geist haben möchten?
5. Warum wünscht Gott hauptsächlich, daß du seine Stimme besser erkennen kannst?

3
Was ist das innere Zeugnis des Heiligen Geistes?

Das innere Zeugnis ist **eines** der wichtigen Möglichkeiten, durch die Gott uns führt. Römer 8, 16 sagt darüber:

*»Derselbe Geist gibt **Zeugnis** unserm Geist, daß wir Gottes Kinder sind« (L.).*

Dieser Vers bezieht sich in seinem besonderen Zusammenhang auf den Geist Gottes, der den Christen ein Zeugnis, eine geistliche Gewißheit oder ein geistliches Empfinden in ihrem Geist gibt, das ihrem Verstand offenbart, daß sie Kinder Gottes sind. Diese Bibelstelle läßt aber auch darauf schließen, daß Gott zu Christen redet, indem er ihnen ein inneres Zeugnis in ihrem Geist über andere Dinge gibt.

Sprüche 20, 27 zeigt, daß Gott durch unseren Geist zu uns spricht:

*»Eine **Leuchte** des Herrn ist des Menschen Geist; die geht durch alle Kammern des Leibes« (L.).*

Wenn unser Geist die Leuchte des Herrn ist, gibt Gott uns Erleuchtung und Verständnis über sich selbst durch unseren Geist.

Hier ist eine Definition des inneren Zeugnisses: Es ist die Art, in der du als Christ Gottes Willen im Gebet suchen mußt (manchmal auch, wenn du nicht betest). Der Heilige Geist teilt dann deinem **eigenen menschlichen Geist** geistliche Empfindungen mit, die den Willen Gottes deinem Verstand offenbaren.

Das innere Zeugnis kann auch folgendermaßen beschrieben werden: Gott, der Heilige Geist, gibt dir **Frieden** oder **Freude** in deinem menschlichen **Geist**, während du etwas **tust** oder **dir geistlich vorstellst, das Gottes Wille ist.** Andererseits **fehlt der Friede** oder hast du ein **unangenehmes, schlechtes** Empfinden in deinem **Geist**, wenn du etwas **tust** oder **beabsichtigst zu tun**, das nicht Gottes Willen entspricht.

Manchmal mußt du ein wenig warten, so daß dein Geist und Verstand ruhig genug werden, um diese Art der Führung zu erkennen. Auch Philipper 4, 7 spricht von diesem inneren Zeugnis:

*»Und der **Friede Gottes**, welcher höher ist denn alle Vernunft, bewahre eure **Herzen** und **Sinne** in Christo Jesu!« (L.).*

Dieser Vers erklärt erstens, daß dein menschlicher Sinn oder Verstand nicht fähig ist, das innere Zeugnis des Friedens von Gott völlig zu verstehen. Zweitens zeigt er, daß dieser innere Friede als ein Führer dient, der dein Herz und deinen Verstand sicher im Willen Jesu Christi erhält.

Kolosser 3, 15 betont die Tatsache, daß du keinen Frieden in deinem Geist, Verstand und Körper haben wirst, wenn du anderen Menschen nicht mit der selbstlosen, liebenden Haltung begegnest, wie sie in Kolosser 3, 5–14 zum Ausdruck kommt. Dieser Vers zeigt außerdem, daß du dein Herz von dem inneren Zeugnis des Friedens regiert werden lassen sollst. Er lautet:

*»Und der **Friede Gottes regiere** in euren Herzen« (L.).*

In einer englischen Übersetzung kommt noch deutlicher zum Ausdruck, wie dieses Regieren praktisch aussieht:

*»Der **Frieden**, den Christus gibt, soll dich in den Entscheidungen **leiten**, die du machst.«*

Bitte beachte, daß die Ausdrücke »Friede **Gottes**« und »Friede **Christi**« zeigen, daß dieser Friede nicht von den menschlichen Gefühlen stammt, sondern vom Geist Christi.

Zu oft denken Menschen, daß das Zeugnis, von dem Römer 8, 16 redet, etwas Körperliches sei. Das stimmt nicht. Es ist etwas Geistliches. Es ist der Geist Gottes, der unserem Geist Zeugnis gibt. Er gibt nicht unserem Körper Zeugnis.

Du darfst nicht auf körperliche Empfindungen gehen. Die Führung durch das innere Zeugnis des Heiligen Geistes ist etwas, das du **nicht in deinem Körper noch in deinen Gefühlen** empfindest.

Das innere Zeugnis hat nichts mit deinen körperlichen Empfindungen, sondern mit deinen **geistlichen Empfindungen** in **deinem Geist** zu tun. Es braucht manchmal Jahre des Gebets und der Übung, bevor ein Christ den Unterschied zwischen diesen beiden Dingen erkennen kann.

Bitte Gott um Vergebung, wenn du deine eigenen körperlichen Empfindungen mit dem inneren Zeugnis der geistlichen Empfindungen in deinem Geist verwechselt hast. Danke ihm aber auch, wenn du die Führung Jesu Christi durch ein inneres Zeugnis wirklich erkennen konntest. Römer 8, 16 zeigt, daß das innere Zeugnis des Heiligen Geistes ein Empfinden in deinem menschlichen Geist ist:

»Gottes Geist bestätigt an ***unserem Geist****, daß wir wirklich Gottes Kinder sind«* (G.N.).

Es heißt hier nicht: »Gottes Geist bestätigt unserem Körper« oder »Gottes Geist bestätigt unseren körperlichen Empfindungen«. Wenn du lernen willst, von Gott geleitet zu werden, dann mußt du lernen, Empfindungen in deinen körperlichen Gefühlen von Empfindungen in deinem Geist zu unterscheiden.

Du wirst wahrscheinlich einige Fehler machen, während du dies lernst. Du wirst vielleicht ein gefühlsmäßiges Verlangen oder ein Empfinden, etwas zu tun, mit dem inneren Zeugnis des Heiligen Geistes in deinem

Geist verwechseln. Aber weil einige Leute Fehler machen, während sie das innere Zeugnis zu erkennen lernen, solltest du nicht »das Kind mit dem Badewasser« ausschütten. Einige Christen haben leider die wertvolle Führung durch das innere Zeugnis weggeworfen, weil gewisse Leute Fehler dabei machten.

Paulus, Petrus, Johannes und viele andere hingegebene Christen haben gelernt, wie das innere Zeugnis ein — aber nicht das einzige — Mittel wurde, durch das Jesus sie führte. Wir sollten ihrem Beispiel folgen.

Fragen zum Bibelstudium Kapitel 3 Was ist das innere Zeugnis des Heiligen Geistes?

1. Wieviele Schriftstellen kannst du finden, die vom inneren Zeugnis handeln?
2. Was läßt sich aus Römer 8, 16 noch über das innere Zeugnis ableiten?
3. Welche Verse in der Bibel bringen zum Ausdruck, daß das innere Zeugnis nicht ein menschliches Gefühl, sondern eine Frucht des Heiligen Geistes ist?
4. Was lehrt Philipper 4, 7 über das innere Zeugnis?

Fußnote: Der Verfasser hat Bücher gelesen, die behaupten, Gott spreche nicht durch das innere Zeugnis oder die in späteren Kapiteln besprochene innere Stimme. Das Problem mit diesen Büchern ist, daß sie von Menschen geschrieben wurden, die die Bibel **verdrehen**, um sie mit ihren **eigenen persönlichen Erfahrungen** in Einklang zu bringen.

Ihre **Erfahrung** im Leben sagt ihnen, daß Gott auf diese Arten nicht redet. Deshalb schreiben sie Bücher, in denen sie zu beweisen suchen, daß die Bibel solch ein Reden Gottes nicht kennt.

Diese Schreiber behaupten, andere würden die Erfahrungen überbetonen, während sie selbst **von ihren eigenen Erfahrungen** mehr als die meisten anderen **beherrscht werden.**

4
Weitere Hinweise zum inneren Zeugnis

Das innere Zeugnis schließt noch einige wichtige Dinge ein.

Nur wiedergeborene Christen können das innere Zeugnis Gottes, des Heiligen Geistes, in ihrem eigenen Geist haben. Ungläubige sind nicht Söhne und Töchter Gottes. Der Heilige Geist lebt nicht in ihnen. Deshalb können sie kein inneres Zeugnis von ihm haben. Römer 8, 14 bringt zum Ausdruck:

»Alle, die sich von Gottes Geist leiten lassen, sind Gottes Kinder« (G. N.).

Ungläubige werden nicht vom Heiligen Geist geführt, obwohl sie durch ihn von ihren Sünden überführt werden (vgl. Johannes 16, 8). Es wäre für einen Ungläubigen gefährlich, der Führung seines eigenen Geistes zu folgen, weil sein Geist nicht mit dem Heiligen Geist verbunden ist und ihn deshalb oft zu negativen Dingen verleitet.

Wenn du wiedergeboren bist, sind dein menschlicher Geist und der Heilige Geist eins miteinander. 1. Korinther 6, 17 heißt es:

»Aber wer sich mit dem Herrn verbindet, ***ist mit ihm ein Geist«*** *(G. N.).*

Vergleiche dazu auch Johannes 17, 21–23.

Wenn dein Geist eins mit dem Heiligen Geist geworden ist, kann er sehr leicht Gottes Willen finden.

Eine der beiden Formen des inneren Zeugnisses des Heiligen Geistes (die andere wird in Kapitel 5 besprochen) ist ein **Friede** und eine **Freude** in deinem Geist, wenn du über eine bestimmte Sache **betest** und/oder **nachdenkst.** Durch diesen Frieden und diese Freude sagt dir Gott, daß du die beabsichtigte Sache tun sollst.

Dieses innere Zeugnis ist eine Frucht des Heiligen Geistes, wie Galater 5, 22 zeigt. Zwei der dort angeführten Früchte sind Frieden und Freude. Diese dürfen nicht verwechselt werden mit den menschlichen Empfindungen von Frieden und Freude in deinen körperlichen Gefühlen. Sie sind vielmehr eine Frucht des Heiligen Geistes in deinem Geist.

Galater 5, 22 bezieht sich auch auf die Art der Frucht oder des Charakters, die im Leben einer Person zu sehen sind, die von Gott geleitet wird. Dieser Vers erklärt ebenfalls den Charakter des Heiligen Geistes. Außerdem läßt sich aus ihm ableiten, daß zwei dieser Früchte des Heiligen Geistes, Frieden und Freude, von Gott benützt werden, um Christen nach dem Willen Gottes zu leiten.

Ein persönliches Beispiel

Wenn Gott mir in meinem Geist ein inneres Zeugnis gab, daß etwas sein Wille war, dann durchflutete meinen Geist ein außerordentliches Empfinden der Freude oder des Friedens. Dies hatte nichts mit meinem Körper oder meinen Gefühlen zu tun. Hier ist ein persönliches Beispiel:

Eines Abends kam bei einer Gebetsversammlung in der Gemeinde ein großer Frieden in meinen Geist, als ich für einen Kollegen betete, mit dem ich damals arbeitete. Ich gehorchte dem inneren Zeugnis des Heiligen Geistes in meinem Herzen und betete etwa eine Stunde lang dafür, der Geist Gottes möge ihm offenbaren, daß er eine Begegnung mit Gott braucht.

Nach dem Fürbittegebet hatte ich ein inneres Zeugnis der Freude, daß Gott mein Anliegen erhören würde.

Am nächsten Tag kam dieser Mann bei der Arbeit zu mir und erzählte mir, daß er etwa seit 19.30 Uhr des vorhergehenden Abends (das war genau die Zeit, als ich zu beten begann) das Verlangen habe, mit einem Pastor zu sprechen, weil er sich Gedanken darüber mache, was wohl nach dem Tod geschehen würde. Er war zu der Zeit gerade in einem Nachtclub und redete daraufhin den ganzen Abend mit seinen Freunden über Gott.

Obwohl ich mit dieser Person nie zuvor über Gott gesprochen hatte, geschah genau das, was ich durch das innere Zeugnis des Heiligen Geistes erbat. Das Wunder im Leben des Mannes geschah **genau zu derselben Zeit,** in der Gott mich durch das innere Zeugnis veranlaßte, mit dem Gebet für ihn zu beginnen.

So etwas kann unmöglich ein Zufall sein. Ohne ein Wunder würde es höchstens einmal in einer Million Fällen geschehen.

Andere wichtige Punkte

Gott kann zu dir reden, auch wenn du nicht gerade betest, ihn lobst oder ihm deine Liebe zum Ausdruck bringst und ihm sagst, daß du gerne alles tun wirst, was er dir befiehlt. Wenn du dies jedoch tust, ist es weniger wahrscheinlich, daß deine eigenen menschlichen Gefühle in dir aufsteigen. Das ist jedoch **keine Regel**, die auf alle Fälle anwendbar ist. Sie dient nur als Anhaltspunkt.

Weil diese Dinge in dir bewirken, daß du mehr vom Heiligen Geist kontrolliert wirst, ist es wahrscheinlicher, daß in diesen Zeiten das innere Zeugnis statt den menschlichen Gefühlen vorhanden ist.

Ein anderer wichtiger Punkt in Beziehung auf das innere Zeugnis ist folgender: Das innere Zeugnis des Heiligen Geistes im Geist eines Menschen wird **immer** mit den biblischen Grundsätzen **übereinstimmen**. Dies ist der Fall, weil **das Wort** und **der Geist Gottes immer übereinstimmen**.

Wenn zum Beispiel eine Frau behaupten würde, daß sie das innere Zeugnis des Heiligen Geistes in ihrem menschlichen Geist habe, daß sie die Lieblosigkeiten ihres Mannes nicht vergeben solle, ist dies offensichtlich kein echtes inneres Zeugnis von Gott, weil dieses angeblich innere Zeugnis etwas vorschlägt, das den biblischen Lehren nicht entspricht.

Deshalb muß jedes innere Zeugnis **überprüft werden,** ob es mit der Bibel übereinstimmt.

Fragen zum Bibelstudium

Kapitel 4
Weitere Hinweise zum inneren Zeugnis

1. Warum können nur wiedergeborene Christen ein inneres Zeugnis des Heiligen Geistes haben?
2. Galater 5, 22 bezieht sich nicht nur darauf, wie man Führung von Gott empfangen kann. Was kann man daraus trotzdem ableiten über die Art, in der Gott durch das innere Zeugnis redet?

5
Ein unangenehmes, schlechtes Empfinden im Geist

Das innere Zeugnis des Heiligen Geistes bewirkt nicht nur Frieden und/oder Freude in deinem Geist, wenn du etwas beabsichtigst, das er haben möchte. Es erzeugt auch durch den Geist Gottes ein unangenehmes, schlechtes, beklemmendes Empfinden in deinem Geist, wenn du etwas tun willst, das seinem Willen nicht entspricht.

Gott gibt das innere Zeugnis also nicht nur, um dir zu zeigen, was sein Wille ist, sondern auch, um dir zu zeigen, was nicht sein Wille ist.

Der Geist Jesu wird dir ein inneres Zeugnis der Beklemmung in deinem Geist geben, wenn du beabsichtigst, irgendeiner **Lehre der Heiligen Schrift** nicht zu gehorchen. Wenn du zum Beispiel vorhast, Schreibzeug und Papier an deinem Arbeitsplatz zu stehlen, wird dir der Heilige Geist sofort ein inneres Zeugnis geben, dies nicht zu tun.

Auch wenn du dich jemand gegenüber unsittlich verhalten willst, wird dir der Heilige Geist ein inneres Zeugnis durch den Mangel an Frieden geben, um dir davon abzuraten.

Der Heilige Geist wird dir ebenfalls dieses unangenehme und beklemmende Empfinden in deinem Geist über Dinge geben, die nicht speziell in der Bibel erwähnt sind. Wenn ich zum Beispiel während eines Tages schon genügend gegessen habe, bekomme ich ein solch unangenehmes Empfinden in meinem Geist durch den Geist Gottes, wenn ich zum Kühlschrank gehe, um mir noch mehr zu essen zu holen. Wenn ich aber nicht genug gegessen habe, geschieht das Gegenteil.

Je empfänglicher du für den Geist Gottes in deinem Inneren wirst, umso erstaunter wirst du sein, wie oft du während eines Tages diesen Frieden oder diese schreckliche Beklemmung in deinem Geist hast, wenn du etwas tun willst.

Wenn ich in stundenlangem Gebet den Willen Gottes in Bezug auf eine bestimmte Sache suchte, geschah oft folgendes: Gott gab mir ein inneres Zeugnis, daß ich gewisse Schritte in Bezug auf meine Arbeit, meine Verwandten, meine Freunde oder meine Tätigkeit in der örtlichen Gemeinde nicht tun soll.

Dieses innere Zeugnis bestand aus einem **mangelnden Frieden** oder einem **unangenehmen, beklemmenden Empfinden** in meinem Geist. Diese Empfindungen hatten nichts mit meinem Körper oder mit meinen Gefühlen zu tun.

Diese inneren Zeugnisse erwiesen sich als wirklich von Gott durch die Ergebnisse, die sich im Laufe der Zeit einstellten. Außerdem waren sie nicht im Widerspruch zur Bibel.

Der Geist Gottes wird dir nicht über alles, was du jeden Tag tun mußt, ein inneres Zeugnis geben. Aber du wirst überrascht sein, wie oft er versuchen wird, dich zu leiten, wenn du dich darin übst, für sein Reden in dieser Weise empfänglich zu werden.

Gott will keine Roboter aus uns machen. Er will uns jedoch helfen, in **seinem perfekten Plan** für unser Leben zu bleiben, indem er uns (a) ein inneres Zeugnis des Friedens über das gibt, was sein Wille für uns ist, und indem er uns (b) ein inneres Zeugnis durch ein unangenehmes, schlechtes Empfinden in unserem Geist gibt, wenn er merkt, daß wir ihm nicht gehorchen wollen.

Gott benutzt an erster Stelle die Bibel und dann an zweiter Stelle das innere Zeugnis und die innere Stimme des Heiligen Geistes, um uns zu führen, so ähnlich wie ein Vogel seine Jungen mit seinen Flügeln bedeckt und beschützt.

Beispiele

Hier folgen noch einige Beispiele dafür, wie das innere Zeugnis des Heiligen Geistes geschieht:

1. Wenn du Gott im Gebet um Führung bittest, ob du eine leitende Stellung in der Gemeinde übernehmen sollst, und du in deinem Geist (nicht in deinen menschlichen Gefühlen) eine große **Freude** und einen großen **Frieden** bekommst, ist dies das innere Zeugnis Gottes für diesen Schritt.
2. Wenn du Gott im Namen Jesu um Auskunft bittest, ob du einen bestimmten Arbeitsplatz annehmen sollst, und du hast großen **Frieden** und **Freude** in deinem Geist, ist dies das innere Zeugnis des Heiligen Geistes, daß du dort arbeiten sollst.
3. Wenn du Zeit damit verbracht hast, Gottes Willen herauszufinden, ob du für deinen Bruder beten sollst, der gerade einem Herzanfall erlegen ist, um ihn von den Toten zu erwecken, und der Geist Gottes gibt dir großen **Frieden und Freude**, während du daran denkst, **bedeutet dies,** daß Gott ihn von den Toten erwecken wird, wenn du im Glauben und Gewißheit beten wirst. Dies bezieht sich aber nicht auf eine Person, die versucht, jemand von den Toten zu erwecken, ohne vorher den Willen Gottes in dieser Sache gesucht zu haben.
4. Wenn du Gott um Aufschluß bittest, ob du eine gewisse Person heiraten sollst, und du hast ein **unangenehmes, schlechtes Empfinden** und **einen Mangel an Freude** in deinem **Geist** (selbst wenn du

in deinen **Gefühlen** Frieden inbezug auf die Hochzeit hast), sagt dir Gott dadurch, sie nicht zu heiraten. Ich kenne jemand, der diesem inneren Zeugnis der Beklemmung und des Mangels an Freude in ihrem Geist nicht gehorchte und später geschieden wurde.

Fragen zum Bibelstudium

Kapitel 5
Ein unangenehmes, schlechtes Empfinden im Geist

1. Was sind die verschiedenen Arten von Empfindungen, die der Heilige Geist den Christen in ihren Geist gibt, um sie zu leiten?
2. Warum gibt dir der Heilige Geist durch einen Mangel an Frieden oder eine innere Beklemmung innerlich Zeugnis, bei einem Vorhaben, das den Lehren der Bibel widerspricht?

6

Der Unterschied zwischen Gefühlen und innerem Zeugnis

Ich betone noch einmal, daß das innere Zeugnis von Frieden und/oder Freude von Gott, dem Heiligen Geist, **nicht dasselbe** ist wie ein **gefühlsmäßiges** gutes Empfinden. In vielen Fällen wird das innere Zeugnis des Geistes Gottes deinem menschlichen Geist Dinge mitteilen, die den natürlichen Gefühlen über dieselbe Sache **entgegengesetzt** sind.

Wenn zum Beispiel jemand eine christliche Frau innerlich verletzt, mag sie sich in ihren menschlichen Gefühlen ärgerlich, abgelehnt und verwundet fühlen. Gott, der Heilige Geist, wird ihr jedoch in ihren menschlichen Geist das innere Zeugnis des Friedens und der Freude geben, das sie dahin bringt zu vergeben.

Andererseits kann ein Christ Friede und Freude in seinen körperlichen Gefühlen empfinden, wenn er ein neues Auto kaufen will. In seinem menschlichen Geist kann er jedoch **gleichzeitig** ein inneres Zeugnis der Beklemmung von Gott, dem Heiligen Geist, haben. Gott gibt ihm diesen Mangel an Frieden vielleicht deshalb, weil er weiß, daß das Geld für das neue Auto bald für einen besseren Zweck verwendet werden muß. Gott hat einen **vollkommenen Plan** für alles, was wir tun.

Christen sollten nicht nach ihren menschlichen Gefühlen handeln. Diese sind kein unfehlbarer Führer für richtige und falsche Handlungen. Sogar im Leben von Christen können die menschlichen Gefühle voll Zorn, Beleidigung, Furcht, Groll, Einsamkeit, Depression und anderen sündigen Dingen sein.

Christen verlassen schnell den Willen Gottes, wenn sie ihre täglichen Entscheidungen auf der Grundlage ihrer menschlichen Gefühle treffen. Gott will, daß wir dem inneren Zeugnis oder der inneren Stimme des Heiligen Geistes gehorchen.

Einige Christen verstehen nicht, was das Wort Gottes über ihr Herz oder ihren Geist lehrt. Sie verwechseln leicht ihre körperlichen Gefühle mit dem inneren Zeugnis des Geistes Gottes in ihrem Geist. Solche Christen sagen zum Beispiel: »Ich habe Frieden in meinem Herzen, daß ich jene Person heiraten soll.« Dabei bemerken sie nicht, daß dieser Friede nicht in ihrem Herzen, sondern nur in ihren Gefühlen vorhanden ist.

Die Bibel lehrt, daß das Herz dasselbe ist wie der Geist. Die biblische Definition des Wortes »Herz« ist anders als die Definition von Ungläubigen und von romantischen Liebesgeschichten.

Deine menschlichen Gefühle entstehen im **körperlichen Gehirn.** Sie kommen von den emotionalen Zentren deines Gehirns und werden deinem Körper durch das vegetative, dem Einfluß des Bewußtseins entzogene Nervensystem übermittelt. Das innere Zeugnis Gottes, des Heiligen Geistes, entsteht nicht in den emotionalen Zentren des körperlichen Gehirns, sondern in deinem **nichtkörperlichen Geist**.

Dein **Geist** empfindet das innere Zeugnis des Friedens und der Freude auf **geistliche** Weise von Gott, dem Heiligen Geist. Dein Geist empfindet das innere Zeugnis **nicht körperlich**. Das innere Zeugnis ist nicht etwas, was du in deinem Gehirn oder in deinem Körper spürst.

Gott hat dich jedoch so gemacht, daß dein menschlicher Verstand die Tatsache bemerkt, daß dein Geist auf geistliche Weise ein inneres Zeugnis des Friedens oder der Freude empfängt. Sobald du dieses geistliche Neuland im Namen Jesu betreten hast, wirst du verstehen, wovon ich rede. Dein menschlicher Geist läßt deinen körperlichen Verstand irgendwie die Tatsache bemerken, daß der Heilige Geist geistliche Empfindungen in deinen Geist hineinlegt.

Du mußt den Unterschied zwischen den körperlichen Gefühlen und den geistlichen Empfindungen in deinem Geist deutlich erkennen. Oft muß man stundenlang im Gebet auf Gott warten, ihn preisen und ihm danken. Wer sein ganzes Leben Gott und seinem Willen zur Verfügung stellt (vgl. Römer 12, 1+2) und im Geist betet, wird auch den Unterschied zwischen diesen beiden Dingen erkennen. Gott kann aber auch, wie schon zum Ausdruck gebracht, dir ein inneres Zeugnis geben, wenn du gerade nicht betest.

Wenn du in dir Frieden in Bezug auf irgendeine Handlung hast, dann suche herauszufinden, ob dieser Frieden wirklich in deinem menschlichen Geist ist oder nicht. Dies wird dir helfen, empfänglicher für die Leitung Gottes zu werden. Wenn du es ihm wirklich zutraust, wird Gott dir den Unterschied zwischen dem inneren Zeugnis und rein körperlichen Gefühlen des Friedens und/oder der Freude lehren.

Objektive biblische Grundsätze

Viele fragen: »Wie kann ich den Unterschied zwischen meinen eigenen Gefühlen und dem inneren Zeugnis des Heiligen Geistes erkennen?« Die Antwort lautet: Jedes Gefühl, das du für ein inneres Zeugnis hältst, ist nicht von Gott, wenn es nicht in Übereinstimmung mit den objektiven Grundsätzen des Wortes Gottes steht, wie zum Beispiel:

- *»Wenn ihr eßt oder trinkt oder* ***sonst etwas tut****, so tut* ***alles*** *zur Ehre Gottes« (1. Korinther 10, 31; G.N.).*

Ein Gefühl ist kein inneres Zeugnis des Heiligen Geistes, wenn es dich nicht zu einer Handlung führt, die in irgend einer Weise Gott ehrt. Wenn man alles zur Ehre Gottes tut, dann denkt, spricht oder tut man alles im Leben auf eine Weise, die andere oder dich selbst ermutigt, **Gott vor allen und allem anderen zu ehren und zu schätzen.**

- *»Sorgt euch* ***zuerst*** *darum, daß ihr euch seiner Herrschaft unterstellt und tut, was er verlangt, dann wird er euch schon mit all dem anderen versorgen« (Matthäus 6, 33; G.N.).*

Das Reich Gottes bezieht sich auf Gottes **Herrschaft** im Himmel und der geistlichen Welt (vgl. 2.Timotheus 4, 18), aber es bezieht sich auch auf seine Herrschaft über deinen menschlichen Geist, Verstand und Körper (vgl. Lukas 17, 20+21) und über die täglichen Aktivitäten deines Lebens (vgl. Matthäus 7, 21).

Ein Gefühl ist dann kein inneres Zeugnis Gottes, wenn es dich nicht dazu bringt, Gott zu erlauben, über einen Teil deiner täglichen Gedanken, Empfindungen und Handlungen zu regieren. Wenn es dich veranlaßt, selbstsicher, eigenwillig oder stolz zu sein oder wenn es andere ermutigt, mehr Aufmerksamkeit und Liebe auf **dich** oder **eine andere Person** oder **Sache** als auf Jesus zu richten, dann ist dieses Gefühl kein inneres Zeugnis.

- Die Bibel befiehlt dir, deinen christlichen Brüdern und Schwestern sowohl in geistlichen als auch in natürlichen Dingen zu helfen (vgl. Hebräer 10, 24; Philipper 2, 4) und deine nichtchristlichen Familienangehörigen oder Bekannten zu veranlassen, sich dem Herrn Jesus zuzuwenden (vgl. Matthäus 28, 19+20). Ein Gefühl kann nicht von Gott sein, wenn es dich das Gegenteil tun läßt.

Es gibt andere wichtige biblische Grundsätze, die den ebengenannten Punkten hinzugefügt werden könnten.

Fußnote: Kapitel 9 »Prüft aber alles« zeigt, wie wir herausfinden können, ob eine Stimme in unserem Verstand von Gott ist oder nicht.

7

Die innere Stimme des Heiligen Geistes

Die dritte Art, durch die Gott zu Christen redet, ist durch eine innere Stimme. Die Heilige Schrift ist die wichtigste Quelle für göttliche Führung. Das innere Zeugnis von Gottes Geist ist die zweitwichtigste Form der göttlichen Führung.

Einige Erklärungen

Die innere Stimme Gottes, des Heiligen Geistes, ist für menschliche Ohren nicht hörbar, obwohl Gott hörbar sprechen kann. Die innere Stimme Gottes, des Heiligen Geistes, ist nur auf der Ebene der Gedanken deines Verstandes und deines Geistes zu vernehmen.

Das innere Zeugnis geschieht auf der Ebene der vom Heiligen Geist gegebenen **Empfindungen** in deinem menschlichen Geist. Die innere Stimme bezieht sich nicht auf geistliche Empfindungen in deinem menschlichen Geist, sondern auf **Gedanken,** die Gott in deinen Verstand gelegt hat. Diese können in Worten oder geistigen Bildern zum Ausdruck kommen.

Gott, der Sohn, bezieht sich in Johannes 10, 27 auf die innere Stimme seines Geistes, wo es heißt:

»Meine Schafe hören meine ***Stimme****« (L.).*

1. Könige 19, 12 bezeichnet dies als die »leise, sanfte Stimme« (nach der englischen Übersetzung). Jesaja 30, 21 beschreibt es folgendermaßen:

 * Elb: „leises Wehen"

»Wenn ihr nach rechts oder links abbiegen wollt, werdet ihr hinter euch **eine Stimme** *hören, die zu euch sagt: ›Dies hier ist der Weg, dem ihr folgen sollt!‹«*

Wenn du ein echter, vom Geist wiedergeborener Christ bist, wohnt der Heilige Geist wie in einem Tempel in dir (vgl. Johannes 3, 3–8; 1. Korinther 6, 19). Dein menschlicher Geist vereinigt sich mit Gottes Geist. Wenn du vom Geist wiedergeboren bist, wird dich der Heilige Geist führen – durch deinen Geist und deinen Verstand.

Die Eigenschaften des Menschen

Dein Geist hat Gedanken, genauso wie dein Gehirn Gedanken hat. Wenn du stirbst, verwest dein Gehirn im Grab oder wird zu Asche, aber dein Geist lebt ewig weiter. Während dein Körper lebt, sind die Gedanken deines unsichtbaren Geistes mit deinem Gehirn verbunden.

Wenn Gott zu dir durch die innere Stimme redet, spricht er zu deinem Geist und deinem Gehirn gleichzeitig. Es ist der Heilige Geist, der in deinem Geist wohnt und zu dir spricht.

Damit soll nicht gesagt werden, daß dein Körper böse ist oder daß dein Geist innerhalb eines angeblich bösen Körpers gefangen ist, wie einige östliche Religionen fälschlicherweise lehren. Damit soll auch nicht behauptet werden, daß ein Mensch aus zwei oder drei Personen gleichzeitig besteht. Jeder Mensch ist **ein Ganzes**, das einen Geist, eine Seele und einen Leib enthält. Aber man kann diese Teile besser verstehen, wenn man sie einzeln betrachtet, genauso wie jemand ein ganzes Haus kennenlernt, indem er die einzelnen Zimmer getrennt betrachtet.

Daß der menschliche Verstand aus einem körperlichen und einem nichtmateriellen geistigen Teil besteht, zeigt sich deutlich, wenn eine Person einen Schlaganfall hat. Ein Blutgefäß in oder in der Nähe des Gehirns bildet einen Blutklumpen, der die notwendige Blut- und Sauerstoffversorgung des Gehirns unterbricht. Als Folge davon stirbt ein Teil des Gehirns. Wenn durch den Schlaganfall einige oder die meisten der Gedächtniszentren der Gehirnzellen absterben, kann sich das Opfer an einige oder die meisten seiner Erfahrungen der vergangen Jahre nicht mehr erinnern. Manche solche Personen wissen nicht mehr, wo sie lebten, wieviele Kinder sie haben sowie viele grundlegende Informationen über sich selbst und die Welt. Auch durch Senilität oder verschiedene Gehirnkrankheiten entstehen ähnliche Gedächtnislücken.

Der nichtmaterielle Geist lebt weiter

Wenn das Gehirn der einzige Teil des menschlichen Verstandes wäre, den Gott einem Christen gegeben hat, könnte sich dieser nach einem Schlaganfall im Himmel an vieles aus diesem Leben nicht mehr erinnern, bis sein Körper auferweckt wird. Ohne daß sein Geist Denken und Erinnerungsvermögen besitzt, wären alle Lektionen, die Gott ihm während seines Lebens beigebracht hat, reine Zeitverschwendung. Er könnte sich nicht mehr an die Ereignisse erinnern, die mit diesen Lektionen in Verbindung standen, wenn diese Erinnerungen nur in seinem Gehirn aufbewahrt wären.

Manche Christen, die einen schweren Schlaganfall hatten oder senil wurden, waren früher ausgezeichnete Bibelkenner, aber in vielen Fällen können sie sich an nicht mehr viel erinnern und die Bedeutung verstehen. Wenn der menschliche Verstand nur körperlich und nicht auch Teil des menschlichen Geistes wäre, hätte solch ein Christ die Lehren der Bibel über Gott umsonst gelernt.

Aber die Wahrheit ist, daß dein menschlicher Verstand aus einem Gehirn und einem nichtmateriellen menschlichen Geist besteht, die beide die Erinnerungen an alle Lebensereignisse festhalten. Alle Lehren der

Bibel, die du in deinem Leben lernst, sind auch in den nichtkörperlichen Erinnerungen deines Geistes festgehalten.

Dein Geist hat Gedanken

Nun soll gezeigt werden, daß der menschliche Geist denken und Dinge erkennen kann genauso wie das Gehirn. Wenn ein Mensch stirbt, geht sein Geist in den Himmel, wenn er ein durch den Heiligen Geist wiedergeborener Christ ist, und sein Körper wird im Boden begraben.

Nach einigen Jahren löst sich sein Körper auf. Sein Gehirn ist ein Teil seines Körpers, der in den Boden gelegt wurde. Sein Geist, der zum Himmel geht, ist nicht mehr mit dem Gehirn verbunden.

Bedeutet dies, daß der Geist einer Person, deren Körper gestorben ist, nicht mehr denken kann? Bedeutet dies, daß sein Geist keinen Verstand mehr hat? Die Antwort darauf muß »Nein« sein.

Als Beweis dafür wenden wir uns 1. Korinther 2, 11 zu:

»Wie die Gedanken eines Menschen nur seinem eigenen Geist ***bekannt*** *sind...« (G. N.).*

Hier wird klar zum Ausdruck gebracht, daß der Geist des Menschen Dinge kennt und denkt.

Es wäre töricht zu fragen, ob ein menschlicher Geist einen geistigen Magen, geistige Lungen, geistige Nieren usw. hat. Dies wären reine Vermutungen oder Spekulationen, weil die Heiligen Schriften darauf keine Antwort geben. Solche Spekulationen über Dinge, über die die Bibel nichts Bestimmtes aussagt, können zu Täuschungen führen, wie sie in okkult-spiritualistischen Gruppen vorkommen. Hüten wir uns davor!

In Offenbarung 6, 9+10 findet sich ein weiterer Beweis, daß der menschliche Geist denken kann. Hier spricht der Apostel Johannes von dem Geist der Gläubigen, die gestorben sind, aber dennoch sich an Dinge aus ihrem Leben auf Erden erinnern und darüber nachdenken und sprechen. Wenn der menschliche Geist nur etwas wie eine geistige Wolke wäre, könnte er das, was Johannes beschreibt, nicht tun.

Niemand sollte daraus die Schlußfolgerung ziehen, daß der Mensch einen aufgeteilten Verstand hat. Jeder Mensch hat **nur einen Verstand**. Aber für unsere Untersuchung ist es wichtig, den menschlichen Verstand in seine beiden Teilen zu trennen, damit es leichter wird zu verstehen, wie Gott durch seinen Heiligen Geist zu uns redet.

Ein menschlicher Körper besteht aus Füßen, Händen, Augen, Ohren, einem Magen und anderen Teilen. Diese getrennten Teile sind jedoch miteinander verbunden und bilden einen ganzen Menschen. In der gleichen Weise ist der menschliche Verstand eine Einheit, der aus zwei Teilen besteht. Dies ist genau so schwierig zu verstehen wie die Tatsache, daß Jesus gleichzeitig ganz Mensch und ganz Gott sein konnte. Unsere begrenzten menschlichen Worte können beide Dinge nicht richtig erklären. Wegen unseres begrenzten Ausdrucksvermögens entstehen mancherlei unnötige Diskussionen über diese Dinge unter den Christen.

Im letzten Kapitel über das innere Zeugnis sahen wir, daß ein menschlicher Geist geistliche Empfindungen hat. Ebenso kann ein menschlicher Geist denken.

Die zwei Arten des menschlichen Geistes

Wenn du wiedergeboren bist, wird dein Geist und der Geist Jesu **ein** Geist (vgl. Römer 8, 16). Sie werden miteinander verbunden, als ob sie verheiratet wären (vgl. Epheser 5, 31 + 32).

Als Ergebnis dieser Vereinigung wird der Geist einer wiedergeborenen Person vollkommen und trägt in sich die Kenntnis, was Gottes Wille ist. Gott, der Heilige Geist, wohnt im Geist des Menschen. 1. Korinther 2, 11 bringt zum Ausdruck, daß der Geist Gottes **alles** über Gott weiß. Der Geist Gottes redet zu dem Geist und Gehirn eines Menschen von seinem Wohnort im menschlichen Geist aus.

Wenn der Geist Gottes nicht in einem menschlichen Geist wohnt, werden die Gedanken und Gefühle oft durch den menschlichen Geist geleitet, Dinge zu tun, die den göttlichen Willen mißachten. In 1. Korinther 2, 14 heißt es:

»Ein Mensch, der nur über seine natürlichen Fähigkeiten verfügt, lehnt ab, was der Geist Gottes enthüllt. Es kommt ihm unsinnig vor. Er kann nichts damit anfangen, weil man es nur mit Hilfe des Geistes beurteilen kann« (G. N.).

Ein Ungläubiger ist geistlich tot für den Geist Jesu. Solch eine Person kann deshalb nicht damit rechnen, daß sein menschlicher Geist ihm sagt, was gut oder was böse ist.

Wenn sich jedoch der Heilige Geist mit dem Geist eines wiedergeborenen Menschen vereinigt, wird dessen menschlicher Geist bereit sein, Gott **immer** zu gehorchen.

Der Apostel Paulus bringt in Römer 7, 22 zum Ausdruck, daß sein inneres Wesen, also sein vom Heiligen Geist geleiteter menschlicher Geist, dem Gesetz Gottes gern gehorcht. Der Geist des Paulus war darauf aus, die Lehren der Bibel zu befolgen. Diese Bereitwilligkeit eines mit dem Heiligen Geist vereinigten menschlichen Geistes, Gottes Willen immer zu gehorchen, wurde in Hesekiel 36, 26 + 27 vorausgesagt:

»Ich gebe euch ***ein neues Herz und einen neuen Geist.*** *Ich nehme das versteinerte Herz aus eurer Brust und schenke euch ein Herz, das fühlt.* ***Ich erfülle euch*** *mit meinem Geist und mache aus euch Menschen, die nach meinem Willen leben, die auf meine Gebote achten und sie befolgen« (G. N.).*

Diese innere Veränderung im Leben der Ungläubigen, die durch den Heiligen Geist wiedergeboren werden, ist auch in Hesekiel 11, 19 + 20 und 2. Korinther 5, 17 beschrieben. Römer 8, 10 drückt dies ebenfalls aus:

»*Wenn Christus in euch wirkt, dann seid ihr zwar wegen eurer Sünde dem Tod verfallen, aber weil Gott euch angenommen hat,* ***schenkt sein Geist euch das Leben***« *(G. N.).*

Ein wiedergeborener Christ hat das Verlangen in seinem menschlichen Geist, in allen Dingen Gottes Willen zu gehorchen.

Der wiedergeborene menschliche Geist hat die **Fähigkeit** in sich, alles über Gottes Willen zu erkennen. Wie 1. Korinther 2, 11 zum Ausdruck bringt, versteht der Geist Gottes alles über den Willen Gottes. Da eine wiedergeborene Person den Geist Gottes in seinem menschlichen Geist hat, besitzt er auch die Fähigkeit, Gottes Willen zu erkennen.

Dein menschlicher Geist ist das Gefäß

Wir sollten nicht von unserem menschlichen Geist erwarten, daß er uns führt. Dadurch würden wir aus unserem menschlichen Geist einen Götzen machen. Stattdessen sollten wir ständig auf Gott schauen, daß er uns Führung schenkt. Die innere Stimme und das innere Zeugnis Gottes, des Heiligen Geistes, werden zuerst in unseren menschlichen Geist **gesprochen** oder **geistig empfunden.** Dann wird diese Information an unser Gehirn weitergeleitet. Der menschliche Geist ist lediglich das Gefäß, durch das der Geist Gottes uns führt.

Der Zustand unseres Gehirns

Im Innern des Paulus herrschte ein Kampf, den auch die meisten übrigen Christen haben (vgl. Römer 7, 15–25). Sein Geist wollte immer Gott gehorchen (Römer 7, 22). Aber sein Gehirn und seine Gefühle wollten oft Gottes Willen nicht gehorchen oder diesen überhaupt herausfinden. In Römer 7, 23 sagt Paulus:

»Aber ich sehe, daß mein Tun einem anderen Gesetz folgt. Dieses Gesetz liegt im Streit mit dem Gesetz, dem meine Vernunft zustimmt« (G. N.).

Wenn Paulus hier von seiner Vernunft redet, dann meint er seinen Geist oder den Teil seines Gehirns oder Verstandes, der den Willen Gottes tun will.

Dein Gehirn ist wie ein **Computer**, aber er ist **sehr begrenzt** im Vergleich mit Gottes Gedanken. Die folgenden Punkte beweisen diese Begrenzungen: Unser Gehirn arbeitet auf der Grundlage einer Sprache, es sei denn, daß eine Person einige Fremdsprachen gelernt hat. Es kann nicht völlig verstehen, wie es möglich ist, daß das Universum nie endet. Es ist für unser Gehirn auch sehr schwer, geistliche Dinge zu verstehen.

Unsere Gefühle führen meist zu selbstsüchtigen Einstellungen wie Eifersucht, Zorn, Neid, Furcht, Groll. Aber dein Geist trachtet, weil er den Heiligen Geist in sich hat, nach vollkommenem Wissen, vollkommener Liebe, vollkommenen Empfindungen und vollkommener Selbstlosigkeit.

Römer 7, 15–25 erklärt deutlich, was mit dir geschehen wird. Dein Gehirn und deine Gefühle werden dich manchmal veranlassen, Gottes Willen nicht zu gehorchen. Dein Gehirn wurde mit falschen Lehren und falschen Dingen gespeist, so wie ein Computer programmiert wird. Dies geschieht zum Beispiel durch Verwandte und Freunde, durch Bücher, Fernsehsendungen, Musik und andere Einflüsse, die im Konflikt mit Gottes Willen stehen, wie ihn die Bibel zeigt. Dies alles ist unter dem Einfluß **der Welt** zu verstehen, was in der Bibel nicht die sichtbare Erde, sondern die nichtchristlichen Einstellungen bezeichnet, die unter den meisten Menschen aller Nationen vorherrschen.

Da vor der Wiedergeburt die Gedanken aller Menschen durch ihre eigenen Wünsche oder die Einflüsterungen von Dämonen bestimmt werden (vgl. Epheser

2, 2; 2. Timotheus 2, 26), neigt ihr Gehirn mit seinen Gedanken und Gefühlen zu schlechten Dingen.

Alle Menschen werden geistlich tot geboren und sind bei ihrer Geburt nicht mit dem Heiligen Geist erfüllt (vgl. Römer 5, 12–15).

Kein Mensch hat vor seiner Wiedergeburt die Fähigkeit, in der Weise **selbstlos** zu lieben, wie Jesus es uns in Matthäus 22, 34–40 befohlen hat, und zwar deshalb, weil wir Gott und die Menschen mit der **Agape-Liebe** lieben sollen.

Das Wort »agape« wurde im griechischen Urtext des Neuen Testamentes verwendet, um die Liebe zu bezeichnen, die Gott allein geben kann. 1. Johannes 4, 8 bringt im griechischen zum Ausdruck, daß Gott »agape« **ist**. Auch in Galater 5, 22 wird das Wort »agape« benützt, um dadurch die Liebe als Frucht des Heiligen Geistes zu bezeichnen. In all diesen Versen werden die griechischen Worte, die sich auf die menschliche Liebe beziehen, nicht benutzt. Diese Wörter sind »phileo« und »storge«.

Die menschliche Liebe ist nicht völlig schlecht, aber sie wird durch Selbstsucht entwertet und kann deshalb Gottes Maßstab nicht entsprechen.

Die Agape ist die einzige völlig selbstlose Art der Liebe. Menschen, die den Heiligen Geist nicht in ihrem menschenlichen Geist wohnen haben, können **unmöglich** mit dieser Agape-Liebe lieben.

Das oft zitierte Kapitel der Bibel über die Liebe in 1. Korinther 13 redet ebenfalls nicht über die menschliche Phileo-Liebe. 1. Korinther 13 spricht von Gottes Agape-Liebe und zu was sie fähig ist.

Bevor Menschen wiedergeboren werden, fehlt ihnen diese Agape. Das führt dazu, daß ihre Gedanken und Gefühle zur Selbstsucht neigen.

Millionen Entscheidungen

Wirst du auf die innere Führung Gottes, des Heiligen Geistes, oder auf deinen menschlichen Geist und seine Gedanken hören? Willst du deinen Verstand gegen die gehorsame Haltung deines wiedergeborenen menschlichen Geistes rebellieren lassen (vgl. Römer 7, 22)? Bis zu deinem Todestag mußt du **unzählige** Entscheidungen treffen, ob du Gottes Geist gehorchen willst, der zu deinem Geist und Gehirn reden will.

Bekenne deine Sünde

Wenn du einen Fehler machst und nicht gehorchst, mußt du deine Sünde sofort bekennen, und Gott wird dir vergeben (vgl. 1. Johannes 1, 9). Sooft du Gottes Willen in deinem Leben nicht gehorchst, der dir durch die Bibel und die innere Leitung des Geistes Christi offenbart wird, mußt du die Auswirkungen dieses Ungehorsams auf dein Gedächtnis und dein Gewissen beseitigen.

Wir müssen jeden Ungehorsam **bekennen** und jeden **Gedanken** unseres Verstandes unter den **Gehorsam** Christi bringen (vgl. 2. Korinther 10, 5). Dadurch geschieht diese Reinigung. Der Gehorsam Christi bedeutet den Gehorsam gegenüber den Lehren der Bibel und der Leitung des Heiligen Geistes.

Auch wenn ein schwacher Christ nicht immer die Leitung des Heiligen Geistes haben will, versucht Gott doch, zu ihm zu reden. Wenn dies geschieht, rebelliert der schwache Christ oft. Er verdrängt diese Führung des Geistes und stellt sich vor, daß diese Gedanken aus seinem eigenen Verstand stammen. Doch Gott versucht, ihm trotzdem weiterhin seine Führung zu vermitteln. Als Ergebnis fühlt sich die Person in ihrem Verstand hin- und hergerissen.

Christen sollten aufpassen, daß sie sich von den Vernunftgründen ihres Verstandes, von den Regungen ihrer Gefühle, von den dämonischen Einflüsterungen und von den Dingen, die andere Leute haben möchten, nicht zum Ungehorsam gegenüber der inneren Leitung des Heiligen Geistes oder den Lehren der Heiligen Schrift verleiten lassen. In 1. Thessalonicher 5, 19 heißt es:

*»**Unterdrückt** nicht das Wirken des Heiligen Geistes« (G. N.).*

Epheser 4, 30 bedeutet dasselbe:

*»**Beleidigt** nicht durch euer Verhalten den Heiligen Geist, den Gott euch gegeben hat« (G. N.).*

Zu viele Christen unterdrücken und beleidigen den Geist Gottes. Als Folge davon entstehen zusätzliche Schwierigkeiten in ihrem Leben, vor denen sie Gott bewahren möchte. Manche Christen hören schließlich so wenig auf die Führung des Heiligen Geistes, daß sie zurückfallen (vgl. 1. Timotheus 1, 19).

Doch werden auch Gläubige, die Tag für Tag Gottes Willen gehorchen, dennoch Schwierigkeiten in ihrem Leben haben. 1. Petrus 1, 6 + 7 beweist dies. Schwierigkeiten sind Gelegenheiten für Gott, durch die er uns seine Liebe und Durchhilfe beweisen kann. Aber wer möchte noch **zusätzliche** Schwierigkeiten haben, die unnötigerweise durch den Ungehorsam Gott gegenüber verursacht werden?

Gehorsam bringt Sieg

Als Vergleich für die Situation vieler Christen, die den Heiligen Geist unterdrücken und beleidigen, indem sie der inneren Führung Gottes, des Heiligen Geistes, ungehorsam sind, soll eine Armee dienen, deren Soldaten den Befehlen ihrer Generäle nicht gehorchen. Die Folge davon ist oft eine Niederlage.

Die Christen sollten stattdessen wie eine römische Armee sein. Die römischen Soldaten waren ihren Generälen meist **erstaunlich gehorsam.** Deshalb konnten sie größere, aber weniger disziplinierte und gehorsame

Armeen der germanischen Stämme, der Ägypter, Griechen und anderer Nationalitäten besiegen. Kleine, aber disziplinierte römische Armeen waren für Jahrhunderte den meisten Armeen überlegen.

Wieviel mehr sollten Christen einem Gott gehorchen, der **völlige Liebe und Selbstlosigkeit** verkörpert und **alles über jeden** weiß, wenn man bedenkt, daß die römischen Soldaten oft bis in die kleinsten Einzelheiten den Befehlen ihrer selbstsüchtigen und hartherzigen Generäle gehorchten.

Wir sollten uns alle als Soldaten betrachten, die danach streben, dem Geist Jesu und den Lehren der Bibel mehr zu gehorchen und ein disziplinierteres christliches Leben zu führen (vgl. 2. Timotheus 2, 3–4). Dies gehört zu unserem Wachstum in der Heiligkeit. Gerade wie Soldaten müssen wir uns jedoch **üben**, durch die Hilfe und Stärke des Heiligen Geistes dem Willen Gottes gehorsamer zu werden. Dies ist ein Vorgang, der sich dauernd wiederholt, bis wir sterben. Wir sollten nicht einfach aufgeben, weil wir im Verlauf des Wachstums von Heiligkeit und Gehorsam Fehler gemacht haben.

Laß Gott deinen Verstand beherrschen

Nach der Auferstehung deines Leibes (vgl. 1.Korinther 15, 12–58), wird der körperliche Teil deines Verstandes und deiner Gefühle mit dem vollkommenen Geist im Himmel vereinigt werden. Wenn dieser körperliche Teil deines Verstandes aufersteht, wird auch er **völlig heilig** sein. Er wird dich dann nicht mehr verleiten, den Willen Gottes nicht zu tun.

Aber zur gegenwärtigen Zeit muß dein körperlicher Verstand und seine Gefühle Tag für Tag unter die Kontrolle der Lehren des Wortes Gottes (vgl. 2. Korinther 10, 5) und unter die Kontrolle des Geistes Gottes (vgl. Römer 8, 5–8; Galater 5, 16) gebracht werden. Sonst wird er dich dazu verleiten, schlechte Dinge zu tun. In Galater 5, 16 heißt es:

»Ich sage aber: Wandelt im Geist (kontrolliert und geleitet durch den Geist), so werdet ihr die Lüste des Fleisches (das Verlangen und Streben des Fleisches) nicht vollbringen« (L.).

Das Wort »Fleisch« bezieht sich hier auf den Teil unseres Körpers und Verstandes, der nicht durch den Willen Gottes, des Heiligen Geistes, kontrolliert wird. Die übliche Definition des Wortes »Fleisch« als »Körper« ist nicht genau dasselbe wie die ursprüngliche biblische Bedeutung des Wortes.

Die innere Stimme des Heiligen Geistes geschieht oftmals im Leben eines starken Christen. Dagegen hören wir Gottes Stimme mit unseren menschlichen Ohren nur **selten** oder **überhaupt nicht.** Du solltest Gott nicht nötigen, in einer Art mit dir zu sprechen, die für menschliche Ohren hörbar ist, weil Dämonen ihn nachahmen könnten, wie es in 2. Korinther 11, 14 zum Ausdruck gebracht wird:

»Sogar der Satan verstellt sich und gibt sich für einen Engel aus« (G.N.).

Laß Gott in der Weise mit dir reden, wie er es möchte.

Die innere Stimme zusammen mit dem inneren Zeugnis

Wenn du Gott im Gebet suchst, um seinen Willen zu erfahren, kann oft folgendes geschehen: Du bekommst ein inneres Zeugnis des Heiligen Geistes, während Gott gleichzeitig durch die innere Stimme seines Heiligen Geistes zu dir redet. Die Gründe, warum Gott dir beides gleichzeitig gibt, können sein:

1. Wenn du nur das Empfinden von Friede oder Freude in deinem Geist hättest, dies aber nicht mit einer bestimmten Absicht deines Verstandes in Zusammenhang stünde, die Gott von dir haben will, würdest du denken: »Ich weiß, daß ich ein inneres Zeugnis des Friedens und der Freude vom Heiligen Geist habe,

aber ich weiß nicht, zu welcher Entscheidung dieser Friede mich leiten möchte.«

Angenommen, du bist dir innerlich unklar, welche von vier Arbeitsstellen du annehmen sollst. Wenn du dann ein inneres Zeugnis des Friedens und der Freude in deinem Geist hast, während dein Geist an nichts Besonderes denkt oder sich eine dieser vier Möglichkeiten vorstellt, könntest du daraus nicht klar erkennen, für welchen der vier Arbeitsplätze du ein inneres Zeugnis hast.

2. Wenn du nur eine Stimme in deinen Gedanken ohne ein inneres Zeugnis des Friedens und der Freude in deinem Geist hast, wärst du vielleicht nicht sicher, ob der Gedanke von Gott, durch einen dämonischen Einfluß oder aus den Überlegungen deines eigenen menschlichen Verstandes kommt. Wenn du nicht gleichzeitig mit der inneren Stimme in deinen Gedanken das innere Zeugnis des Friedens und der Freude in deinem Geist hast, wäre es also schwierig zu unterscheiden, ob diese Stimme von Gott stammt oder nicht.

Bei manchen Gelegenheiten wird dir Gott jedoch nur ein inneres Zeugnis in deinem Geist geben ohne gleichzeitig zu dir durch die innere Stimme in deinen Gedanken zu sprechen. Dies kann folgendermaßen geschehen:

Wenn du im Gebet Gottes Willen zu erkennen suchst, gibt dir der Heilige Geist oft ein inneres Zeugnis, wenn du dir zuerst jede der verschiedenen Möglichkeiten in deinem Verstand vorstellst. Dabei solltest du mit geschlossenen Augen längere Zeit Gott preisen und ihm sagen, daß du bereit bist, seinen Willen zu tun. Wenn eine dieser Möglichkeiten, an die du denkst, im Willen Gottes ist, kann er dir am ersten oder einem der folgenden Tage im Gebet das innere Zeugnis des Friedens und der Freude geben und dir so mitteilen, daß dies Gottes Wille für dein Leben ist.

Dies ist alles biblisch. Gott offenbarte in Apostelgeschichte 3, 2, daß der Heilige Geist zu uns redet, wenn wir ihn preisen und anbeten. Auch Römer 12, 1+2 zeigt, daß wenn wir uns selbst Gottes Kontrolle unterstellen und bereit sind zu tun, was er sagt, er uns dann seinen vollkommenen Willen offenbaren wird. Beschäftige dich mit diesen Schriftstellen!

Leitung zur Fürbitte

Hier ist ein Beispiel, wie Gott durch die innere Stimme redet. Es zeigt gleichzeitig, wie Gott manchmal andere Gläubige benützt, um uns eine Bestätigung zu geben, daß sein Reden durch eine innere Stimme und/oder ein inneres Zeugnis des Heiligen Geistes wirklich von ihm stammt.

Zwischen 1976 und 1977 las ich über das Leben von »Vater« Nash, der ein pensionierter presbyterianischer Pfarrer war. Er betete oft stundenlang für die evangelistischen Feldzüge des hingegebenen Evangelisten Charles Finney. Als ich über Nash las, hatte ich öfters ein Empfinden von Frieden und Freude in mir, wenn ich mir vorstellte, daß ich auch selbst stundenlang Fürbitte tat. Ich erlebte dasselbe Empfinden großer Freude, wenn ich zu anderen Zeiten während des Gebets mir vorstellte, daß ich Fürbitte tat. Meist hatte ich dieses Empfinden des Friedens, während ich betete. Da ich jedoch unreif in den göttlichen Dingen war, überlegte ich, ob dies wirklich ein inneres Zeugnis des Heiligen Geistes sei.

Auch zu anderen Zeiten kamen mir Gedanken in den Sinn, daß Gott von mir wollte, daß ich Fürbitte tun sollte.

Da Gott wußte, daß ich in meinem Inneren nicht sicher war, ob diese Gedanken innere Stimmen seines Geistes und ob diese Empfindungen innere Zeugnise in meinem Geist waren, sprach Gott zu zwei anderen

Menschen über diese Sache. Als ich damals zu einer Gebetsversammlung ging, geschah folgendes:

Ein Mann sagte zu mir, nachdem er im Gebet Gott gepriesen und gedankt hatte, daß Gott wolle, daß ich ein Fürbitter für andere Leute sein solle. (Solche Menschen beten meist allein oder mit einer Gruppe für andere Personen, Gruppen oder Nationen). Dieser Mann wußte überhaupt nichts über mich. Außer »Hallo« hatte ich nichts mit ihm gesprochen.

Dann sagte eine Frau, die mich ein wenig kannte, zu mir, daß Gott ihr dieselbe Botschaft gegeben habe. Auch diese Frau wußte nicht, daß Gott schon zu mir über Fürbitte gesprochen hatte.

So benutzte Gott diese zwei Christen, um zu **bestätigen**, daß er wirklich zu mir gesprochen hatte und daß meine Gedanken nicht aus meiner eigenen Vorstellung oder durch einen dämonischen Einfluß entstanden waren.

Wir müssen geistlich wachsen

Gewöhnlich gibt Gott nur dann anderen Christen eine Offenbarung, die sie an dich weitergeben müssen, wenn er sieht, daß du **Bestätigung** brauchst. So kannst du erkennen, daß die Dinge, die du schon in deinem Geist als ein inneres Zeugnis oder was du schon in deinem Verstand als eine innere Stimme des Heiligen Geistes hast, wirklich auch von Gott stammen. Dies ist deshalb der Fall, weil Gott dich hauptsächlich **selbst durch seinen Heiligen Geist führen will**. Das ist aus Römer 8, 5–8; 8, 14; 9, 1 und Galater 5, 16–18; 5, 25 zu entnehmen.

Gott möchte nicht, daß du dich zu sehr auf das **verläßt**, was er anderen Leuten offenbart hat. Dadurch würde nämlich ein persönliches Verhältnis zu ihm unnötig. Auch könntest du dadurch leicht durch falsche Propheten und falsche Lehrer getäuscht werden.

Wenn ich selbst die Leitung Gottes hätte klar sehen können, wäre es nicht notwendig gewesen, daß er mir diese Botschaft durch die erwähnten Personen übermitteln ließ. Deshalb müssen wir alle zu größerer geistlicher Reife heranwachsen und nicht geistliche Kinder bleiben, die nicht wissen, was ihr Vater ihnen sagen möchte.

Jahre später erfüllte sich diese Leitung zur Fürbitte. Seit 1980 habe ich dauernd das Verlangen in meinem Verstand und Geist, für den geistlichen Zustand Australiens und viele andere Dinge zu beten.

Evan Roberts

Ein weiteres Beispiel einer inneren Stimme findet sich im Leben von Evan Roberts. Er war einer der Evangelisten, die Gott im Jahr 1905-1906 benützte, um Tausende von Ungläubigen in der Erweckung in Wales zu sich zu führen.

In dieser geistlichen Erneuerung der Christenheit bekehrten sich 10 Prozent der ganzen Bevölkerung von Wales. Viele Kirchenbesucher wuchsen dabei gleichzeitig in Heiligkeit und Hingabe an Gott.

Evan Roberts arbeitete im Kohlenbergbau, als Gott ihn zu einem seiner Evangelisten machte. Während Roberts eines Tages betete und auf Jesu Stimme hörte, empfing er den Eindruck, daß er eines Tages seinen alten Freunden und Jugendlichen des Dorfes in der Schule predigen würde.

Während er dies in seinen Gedanken hörte, entstanden geistige Bilder, durch die er sich all diese Leute vorstellen konnte, die in Reihen vor ihm saßen und seiner Predigt zuhörten.

Roberts fürchtete zuerst, daß diese Gedanken von Satan kamen. Doch dieselbe Vorstellung kam in den folgenden Monaten immer wieder in seine Gedanken zurück, wenn er um klare Führung von Gott betete.

Solche Gedanken müssen geprüft werden, ob sie wirklich von Gott sind. Erstens waren sie **in Übereinstimmung mit der Heiligen Schrift**, denn in der Bibel befahl Jesus den Christen, das Wort Gottes zu predigen (vgl. Matthäus 28, 19+20; Markus 16, 15). Weiter sagte Gott durch den Mund des Paulus, daß einige Christen von ihm berufen sind, Evangelisten zu sein (vgl. Epheser 4, 11–12). Außerdem erhielt er nicht den Auftrag, jemand zu hassen, zu bestehlen oder etwas anderes zu tun, das gegen die Lehren der Heiligen Schrift ist.

Seine Gedanken bestanden auch den zweiten wichtigen Test, ob sie von Gott waren: Roberts **hatte kein unangenehmes Empfinden und keinen Mangel an Frieden in seinem Geist,** während er bei mehreren Gelegenheiten über diese scheinbare innere Stimme von Gott redete.

Er brauchte dieses innere Zeugnis, weil ja nicht alle Menschen zum Predigen berufen sind, obwohl die Bibel sagt, daß Predigen wichtig ist.

Daraus zog Roberts die Schlußfolgerung, daß seine innere Stimme nicht von Satan, sondern von Gott kam. Dann begann er, Schritte zu unternehmen, um dem Wort des Herrn zu gehorchen, das durch die innere Stimme und das innere Zeugnis zu ihm geredet worden war.

Der Pfarrer der Dorfkirche sagte Roberts, es werde sehr schwer sein, zu diesen Dorfbewohnern zu predigen, und die Resultate würden sehr mager ausfallen. Doch Roberts weigerte sich, auf solche Gedanken zu hören. Stattdessen konzentrierte er sich darauf zu glauben, daß das Wort des Herrn, das Gott, der Heilige Geist zu ihm geredet hatte, auch in Erfüllung gehen würde.

Roberts hatte ein Recht auf diese Art von Glauben und Gewißheit, denn Römer 10, 17 sagt, daß der Glaube aus dem Hören des Wortes kommt.

Nicht lange danach brachte Christus durch die Kraft des Geistes die Erfüllung der erwähnten Führung zustande. Roberts predigte in genau der Weise, wie es ihm die innere Stimme gesagt hatte.

Als Ergebnis dieses **Wortes des Heiligen Geistes** und **Gehorsams gegenüber dieser inneren Stimme von Gott**, konnte der Heilige Geist Roberts in seinem Dorf benützen, um Hunderte früher gottloser, hartherziger Bergwerksarbeiter und Weißblechhandwerker zu Gott zu bekehren. Die Kirchen des Dorfes waren zu allen Zeiten mit eifrigen Leuten erfüllt, die ständig beten, singen und zeugen wollten von dem, was Jesus in ihrem Leben getan hatte. Was für ein gewaltiges Ergebnis!

Fragen zum Bibelstudium

Kapitel 7
Die innere Stimme des Heiligen Geistes

1. Was ist die innere Stimme des Heiligen Geistes?
2. Kann der menschliche Geist denken?
3. Warum spricht Gott manchmal zu den Gläubigen gleichzeitig durch eine innere Stimme und das innere Zeugnis?

8
Lebensumstände

Zeichen in den Lebensumständen offenbaren **manchmal** Gottes Willen. Aber diese Umstände offenbaren **nicht immer** seinen Willen. Viele Kirchenbesucher müssen das lernen.

Manche Leute sind abergläubisch in Bezug auf Lebensumstände. Jedesmal, wenn jemand an ihre Tür klopft, glauben sie, daß Gott diese Person geschickt habe. Solche Christen sollten sich klarmachen, daß es Gottes Wille sein könnte, daß sie an der Tür ist. Diese Person könnte aber auch Gottes vollkommenem Willen ungehorsam sein und zum Beispiel eine falsche Offenbarung geben.

Wenn ein Christ die abergläubische Haltung einnimmt, daß alle Lebensumstände Gottes vollkommenen Willen offenbaren, kann folgendes geschehen: Die falsche Offenbarung des Besuchers kann dazu führen, daß der Christ Gott ungehorsam wird und aufgrund der falschen Offenbarung glaubt oder handelt.

Einige Lebensumstände offenbaren Gottes Willen, andere aber nicht.

König David

König David hätte seine Umstände als das einzige oder wichtigste Zeichen für Gottes Willen betrachten können. Dann hätte er nie dem Worte Gottes geglaubt, daß er König werden sollte (vgl. 1. Chronik 11, 2), als die Soldaten Sauls ihn jagten.

Tatsächlich wiesen fast alle Umstände darauf hin, daß er von der Armee Israels getötet werden würde (vgl. 1. Samuel, Kapitel 19–31). Es bestand auch die Gefahr, daß er durch irgendeinen Israeliten wie Nabal Saul zur Verurteilung übergeben würde (vgl. 1. Samuel 25). Der Wille Gottes für David war jedoch das Gegenteil von dem, was die Umstände befürchten ließen. Gott wollte nicht, daß David starb, sondern er wollte, daß er König Israels wurde.

Laß dich nicht von Zeichen irreführen

Nur weil Gott etwas geschehen **läßt**, bedeutet noch nicht, daß es sein vollkommener Wille ist. Gott will zum Beispiel nicht, daß Menschen morden. Doch er läßt sie das tun.

Weil Gott uns die wertvolle Gabe des freien Willens nicht wegnehmen will, muß er es in Kauf nehmen, daß Menschen oft ihren freien Willen benützen, um Dinge zu tun, die nicht seinem vollkommenen Willen entsprechen.

Wir dürfen nicht auf die Lebensumstände achten, wenn sie uns zu einer Tat veranlassen, die den biblischen Grundsätzen oder dem inneren Zeugnis und der inneren Stimme des Heiligen Geistes widerspricht. Solche Lebensumstände **dürfen nicht als Führung verwendet werden**.

Nur **einige** unserer Lebensumstände zeigen, was Gott von uns haben möchte. So kann zum Beispiel ein Christ, der früher ein Alkoholiker war, in die Versuchung kommen, sich zu betrinken. Er darf in diesem Fall nicht behaupten, daß Gott ihm »Türen öffne« und die Umstände so lenke, daß er sich betrinken könne. Die Umstände widersprechen Gottes Wort in Epheser 5, 18, das zum Ausdruck bringt:

»Betrinkt euch nicht; denn der Wein macht haltlos« (G. N.).

Auch wenn ein christlicher Freund oder Gemeindeleiter dir den Vorschlag macht, Missionar zu werden, bedeutet das nicht unbedingt, daß Gott die Umstände so gelenkt hat, um dir zu zeigen, Missionar zu werden. Es kann sein, daß Gott dahinter steht, aber es kann auch nicht so sein. Du mußt im Gebet auf Gott warten, bis der Heilige Geist deinem Verstand oder Geist offenbart, ob die Umstände seinen Willen für dich zeigen.

Es würde ebenfalls viel Gebet benötigen, wenn dir an einem Tag dreizehn gute Arbeitsplätze angeboten würden. In dieser Situation könntest du nicht sagen, daß dir Gott durch diese Umstände die Tür für alle dreizehn Arbeitsplätze öffne.

Eine Frau betet törichterweise: »Herr, wenn du willst, daß ich Hans heirate, so öffne mir bitte die Tür der Umstände, so daß er mich bittet, ihn zu heiraten.« Nur weil Gott Hans später erlaubt, ihr einen Heiratsantrag zu machen, bedeutet noch lange nicht, daß Gott will, daß sie ihn heiratet. Das innere Zeugnis und die innere Stimme des Heiligen Geistes lassen Gottes Willen viel besser erkennen.

Prüfe die Umstände genauso sorgfältig wie innere Zeugnisse, Träume usw., wenn du den Willen Gottes suchst! Warte auf Gott im Gebet, bis du sicher bist, daß es wirklich Zeichen von ihm sind, die dir seinen Willen offenbaren.

Was glaubst du, wie David, Josua, Elia, Elisa, Paulus, Petrus und andere starke Gläubige so oft erkannten, was der Heilige Geist von ihnen wollte? Erstens beschäftigten sie sich viel mit **Gottes Wort**. Zweitens warteten sie beständig Tag für Tag auf Gott im Gebet und vertrauten ihm, daß er ihnen seinen Willen durch die innere Leitung des Heiligen Geistes – und nur in seltenen Fällen durch Lebensumstände, Träume usw. – offenbaren würde.

Beispiele der Bibel über Zeichen

Lebensumstände **können in manchen Fällen** Gottes Willen offenbaren. Daß Jesus Wunder vollbrachte für die Menschen und am Kreuz starb, weil er sie liebte, sind Umstände, die uns etwas über den Willen Gottes offenbaren.

Denke auch daran, daß Jesus in Matthäus 16, 2 + 3 sagte:

*»Wenn der Abendhimmel rot ist, dann sagt ihr: ›Morgen gibt es schönes Wetter.‹ Und wenn der Morgenhimmel rot und verhangen ist, sagt ihr: ›Es wird regnen.‹ Ihr könnt also das Aussehen des Himmels beurteilen und schließt daraus, wie das Wetter wird. Warum versteht ihr dann nicht, was die **Ereignisse dieser Zeit ankündigen?**« (G.N.).*

Dieser Vers zeigt klar, daß **manchmal** die Umstände ein Zeichen für Gottes vollkommenen Willen sind.

Aber wir sollten beachten, daß die Zeichen der Zeit, z. B. die Ereignisse zur Zeit Jesu, nur durch die Kenntnis des Alten Testamentes erkannt werden konnten. Wer damals keine Erkenntnis über die Prophezeiungen des Alten Testaments hatte, **konnte unmöglich richtig herausfinden, was die Umstände bedeuteten.**

Nur Personen, die Jesaja 53, 1–12; Daniel 9, 24–26; 1. Mose 49, 10; 5. Mose 18, 18 + 19; Psalm 22; Micha 5, 2; Sacharia 9, 9 + 10 und Maleachi 3, 1 kannten, konnten das Wissen von Gott haben, um das Kommen Johannes des Täufers und die Ereignisse im Leben Jesu zu verstehen. Die Umstände waren also nur für diejenigen bedeutsam, die eine Offenbarung des Heiligen Geistes über die eben genannten Schriftstellen hatten.

In der Bibel gibt es eine Reihe anderer Beispiele von Gläubigen, denen Zeichen über Gottes Willen durch ihre Umstände gegeben wurden. Jeremia 32, 6-8 ist das erste Beispiel. Diese Verse zeigen jedoch deutlich, daß Jeremia die Zeichen seiner Umstände nicht als einziges

Erkennungszeichen für Gottes Willen nahm. In Vers 8 sehen wir, daß Jeremia auch die innere Führung Gottes, des Heiligen Geistes, als **weiteres Anzeichen** von Gottes Willen in seiner Situation akzeptierte.

1. Samuel 10, 1–9 ist das zweite Beispiel. Diese Verse berichten von Zeichen in den Umständen, die manchmal eine **Bestätigung** der inneren Führung des Heiligen Geistes sind. In der Lutherübersetzung wird in Vers 7 und 9 und ebenfalls in Jesaja 7, 10–14 und 20, 1–6 das Wort »Zeichen« verwendet. In Jesaja 20, 1–6 wäre es unmöglich, ohne die innere Führung des Heiligen Geistes, einen ohne Sandalen im Hemd herumlaufenden Propheten als ein Zeichen zu erkennen, was mit Ägypten und Sudan geschehen würde. Man hätte es eher als ein Zeichen dafür nehmen können, daß der Prophet verrückt geworden war, oder als ein Zeichen für tausend andere Dinge.

Jesaja 37, 30–32 ist ein drittes Beispiel dafür, wie Gott durch die Umstände Zeichen für seinen Willen gibt. Der Umstand, daß es nach zwei Hungerjahren wieder genügend zu essen geben würde, wäre ohne die zusätzliche Erklärung des Heiligen Geistes, daß dann die assyrische Bedrohung vorbei sein wird, nicht in seiner richtigen Bedeutung zu erkennen. Auch in Jesaja 38, 1–8 hätte der Umstand, daß der Schatten an der Sonnenuhr 10 Stufen zurückging, ohne die Leitung des Heiligen Geistes nichts Spezielles bedeutet.

s. a. Gideons Vlies

Ein wichtiges Problem

Eines der Hauptprobleme für Personen, die zu sehr auf die Umstände achten und daraus Gottes offenbarten Willen erkennen wollen, ist die Neigung Probleme, Schwierigkeiten und Leiden in ihrem Leben als Zeichen anzusehen, daß sie nicht in Gottes Willen sind.

Ein solcher Gläubiger könnte zum Beispiel durch das innere Zeugnis des Friedens und der Freude in seinem menschlichen Geist die Arbeit in einer bestimmten Firma angenommen haben. Sobald er jedoch dort verfolgt wird, weil er ein Christ ist oder weil ihm die Arbeit sehr schwer fällt, wird er diese Umstände wahrscheinlich so deuten, daß Gott nicht will, daß er dort arbeitet. Wenn er die Umstände allein als Zeichen des Willens Gottes nimmt, wird er vermutlich aufhören und Gott ungehorsam sein.

Wenn wir in unseren Umständen Schwierigkeiten, Probleme und Leiden erfahren, bedeutet dies nicht unbedingt, daß wir nicht in Gottes Willen sind. **Oftmals** läßt Gott uns Dinge tun, die leicht sind und keine Schwierigkeiten mit sich bringen. **Manchmal** führt der Heilige Geist uns aber auch in Situationen, die Schwierigkeiten und Leiden für uns mit sich bringen.

Dies ist aus den folgenden Beispielen der Heiligen Schrift zu sehen: Erstens wurden die Israeliten in die Wüste zwischen Ägypten und dem verheißenen Land Kanaan geführt. Dort hatten sie große Probleme, frisches Wasser zu finden. Dabei müssen wir bedenken, daß Menschen nur drei Tage ohne Wasser leben können (vgl. 2. Mose 15, 22–27; 17, 1–7). Außerdem mußten die Israeliten in einer trockenen, unfruchtbaren Wüste Nahrung finden (vgl. 2. Mose 16, 1–36) und waren der Todesgefahr durch die Dämonen anbetenden Amalekiter ausgesetzt (vgl. 2. Mose 17, 8–16).

Zweitens wurde Josua durch Gott, den Heiligen Geist, geführt, gegen Armeen zu kämpfen, die stärker als seine eigene Armee waren. Dadurch gerieten die Israeliten in Todesgefahr (vgl. 4. Mose 13, 27–29; 32 + 33; Josua Kapitel 1 bis 11).

Drittens wurde David in eine Situation geführt, in der die Soldaten von König Saul versuchten, ihn umzubringen. Jeden Tag mußte David damit rechnen, gefangen genommen und getötet zu werden (vgl. 1. Samuel Kapitel 19 bis 27).

Viertens wurde der Prophet Jona durch Gott, den

Heiligen Geist, zu dem gottlosen assyrischen Volk geführt, um ihm zu predigen (vgl. Jona 1, 1–3 sowie Kapitel 3 und 4). Die Assyrer waren dafür bekannt, daß sie Kriegsgefangenen langsam die Hände, Füße, Ohren und andere Körperteile abschnitten, bis sie unter Qualen starben, oder sie lebendig enthäuteten. Obwohl Jona kein Soldat war, mußte er mit einer ähnlichen Behandlung rechnen.

Fünftens war auch der Apostel Paulus in Gottes vollkommenem Willen als er so viele Dinge erlitt. Apostelgeschichte 9, 15+16 und 21, 10+11 zeigen, daß schwierige Umstände nicht immer bedeuten, daß wir nicht mehr im Willen Gottes sind. In Apostelgeschichte 9, 15+16 heißt es, daß Gott zu Ananias folgendes über Paulus sagte:

> *»Gehe unbesorgt hin, ich habe ihn als mein Werkzeug ausgesucht. Er soll meinen Namen den nichtjüdischen Völkern und ihren Herrschern bekanntmachen und auch dem Volk Israel. Und ich werde ihm zeigen,* ***wie viel er für mich leiden muß****« (G.N.).*

Aber vergiß nie, daß Gott nur in Schwierigkeiten, Versuchungen und Leiden hineinführt, wenn er weiß, daß du dadurch **geistlich und seelisch stärker wirst**. Gott möchte, daß du innerlich erwachsen wirst. Viele Erwachsene sind in Wirklichkeit nur Kinder mit Körpern von Erwachsenen. Gott möchte, daß solche Personen geistlich und seelisch reif werden.

Hier ist ein Beispiel, was der Geist Gottes in dir erreichen möchte: Er führt dich vielleicht an einen Arbeitsplatz, wo du Schwierigkeiten und Leiden auf dich nehmen mußt. Dadurch sollst du die sündige, menschliche Neigung verlieren, Dinge nur in der Absicht zu tun, daß andere Menschen dich gern haben und nicht kritisieren.

Israel wollte einen König

Umstände allein können nicht als ein zuverlässiges Zeichen für Gottes vollkommenen Willen angesehen werden, wie die Bibel beweist. Gott erklärte zum Beispiel Samuel (vgl. 1. Samuel, Kap. 8), daß es **nicht sein vollkommener Wille war**, daß das Volk Israel einen König haben sollte. Gott **erlaubte** jedoch, daß Israel einen König bekam. In 1. Samuel 8, 4–7 heißt es:

»Da kamen alle Ältesten Israels zusammen und gingen zu Samuel nach Rama. Sie sagten zu ihm: ›Du bist alt geworden, und deine Söhne folgen nicht deinem Beispiel. Gib uns einen König, wie ihn alle Völker haben! Der soll bei uns für Recht sorgen.‹ Samuel war nicht damit einverstanden, daß sie einen König haben wollten. Er wandte sich an den Herrn, aber der antwortete ihm: ›Erfülle ihnen nur ihren Wunsch! Nicht dich lehnen sie ab, sondern mich. Ich soll nicht länger ihr König sein!‹« (G.N.).

Diese Schriftstelle zeigt, daß die Israeliten nach Gottes vollkommenem Willen keinen König haben sollten. Gott wußte, daß es am besten für sie war, wenn er ihr einziger König blieb.

Wenn die Israeliten zur Zeit Sauls bei ihrer Entscheidung, was Gottes Wille war, hauptsächlich auf die Umstände geachtet hätten, wären sie wohl zu folgendem Schluß gekommen: »Es muß Gottes vollkommmener Wille für uns sein, einen König zu haben, denn er ließ die Umstände so geschehen. Gott ist ja der Herrscher über das ganze Universum, deshalb muß alles sein vollkommener Wille sein, was in unseren Lebensumständen geschieht«. So geht es vielen heute noch aus Unkenntnis der Heiligen Schrift der inneren Führung von Gott.

Dabei hätten sie aber vergessen, einen Unterschied zu machen zwischen den Dingen, die Gott **verursacht,** und denen, die er **erlaubt**. Im Buch Hiob **erlaubte**

Gott zum Beispiel Satan, Hiob anzugreifen, aber er **zwang** Satan nicht, das zu tun (vgl. Hiob 1, 6–22, besonders Vers 12, und Hiob 2, 1–10, besonders Vers 6).

Es ist anzunehmen, daß viele Israeliten während der Zeit Sauls für einen König beteten, wie auch heute Leute für bestimmte Dinge beten. Da sie nicht richtig wußten, wie man Führung von Gott bekommt, beteten sie deshalb, daß er ihnen die »Tür der Umstände öffne«, wenn es sein Wille war, daß sie haben sollten, wofür sie beteten.

Samuel wußte, daß es nicht in Gottes vollkommenem Willen war, daß sie einen König haben sollten. Wir sehen aus 1. Samuel 8, 4–9 daß Samuel die Umstände nicht zum wichtigsten Punkt machte, durch den er Gottes Willen erfahren konnte. Stattdessen ging Samuel nach der inneren Führung Gottes, des Heiligen Geistes.

Vielleicht sagten viele Israeliten damals: »Der dumme Samuel! Er behauptet, es sei nicht Gottes Wille, daß wir einen König haben. Gott habe zu ihm durch eine innere Stimme gesprochen, daß es nicht Gottes vollkommener Wille sei. Viele meinen, Samuel sei ein Prophet, aber er weiß nicht einmal, wie man Gottes Willen herausfindet. Schaut die Umstände an! Gott hat uns einen König gegeben. Er hat unser ›Wenn-es-dein-Wille-ist‹-Gebet erhört, indem er die Tür der Umstände geöffnet hat. Der arme Samuel! Weiß er denn nicht, daß alles, was im Leben geschieht, Gottes vollkommener Wille ist?«

Wer so denkt, hat ein falsches Verständnis für die uneingeschränkte Gewalt Gottes. Die Allmacht Gottes in ihrer richtigen, biblisch begründeten Form bezieht sich auf die Tatsache, daß Gott der unumschränkte Herrscher des Universums ist und daß nichts geschehen kann, ohne daß er es **verursacht** oder **erlaubt**. Kein Mensch oder Dämon kann irgend etwas tun, wenn Gott es ihm oder ihr nicht **erlaubt** (vgl. Hiob 1, 6–12).

Manche religiösen Personen, die ein falsches Verständnis der Allmacht Gottes haben, behaupten irrtümlicherweise, daß **jedes** Ereignis, das auf Erden geschieht, Gottes vollkommener Wille sei. Sie lehren, daß Gott **sie alle verursacht hat.** Sie vergessen, daß Gott nach seinem eigenen, uneingeschränkten Willen beschlossen hat, seine Kraft in vielen Fällen zu beschränken, damit Menschen und Dämonen mit einem freien Willen entscheiden können, was sie tun wollen.

Schicksal oder Bestimmung

Solche Leute mit einem falschen Verständnis der Allmacht Gottes haben eine Haltung, die mehr der Einstellung der heidnischen Griechen gleicht. Sie behaupteten, daß alles der Wille der sogenannten »Götter« war, was im Leben geschieht. Nach dieser Einstellung ist der Mensch vom **Schicksal** oder der **Bestimmung** abhängig.

Gott verurteilt in Jesaja 65, 11 + 12 alle menschlichen Schicksalsideen. In diesen Versen befiehlt Gott Jesaja, gegen die Lehren im Zusammenhang mit den beiden Schicksalsgöttern Gad und Meni Stellung zu nehmen. Die heidnischen Babylonier lehrten, daß alles von diesen abhängig sei. Auch viele der heutigen Moslems haben ähnliche Ideen.

Die Lehren der Bibel

Die Heilige Schrift lehrt, daß das Leben auf Erden eine Mischung ist

1. von Umständen, die Gott **verursacht,** z. B.
   a) Gott erlaubte nicht nur, daß das Universum geschaffen wurde, sondern er veranlaßte die Schöpfung (vgl. Hebräer 1, 2 + 3)
   b) Gott veranlaßte die Erschaffung des Menschen (vgl. 1. Mose 2, 7)
   c) Gott wird veranlassen, daß Satan gebunden wird (vgl. Offenbarung 20, 1 + 2)

2. von Umständen, die Gott **erlaubt,** z. B.
   a) Satan griff Menschen an (vgl. Hiob 2, 7 und Markus 9, 17–27) und griff in die Naturabläufe mit Sturm und Blitz ein, weil Gott es ihm erlaubte (vgl. Hiob 1, 12; 1, 16–19)
   b) Gott erlaubt zwar, aber verursacht nicht, daß Menschen morden, rauben, hassen oder sich auf andere Weise gegen seinen Willen entscheiden.

Wir können Gottes Willen nicht tun ohne die Hilfe des Heiligen Geistes, aber wir können sie entweder annehmen oder ablehnen.

Freier Wille

Menschen und Dämonen haben nur ein gewisses Maß an freiem Willen. Niemand ist mächtig genug, seinen freien Willen durchzusetzen, wenn Gott es ihm nicht zuläßt. Aber dann sind die Menschen oder Dämonen verantwortlich für ihre eigenen Entscheidungen.

Gott zwingt Menschen nur in ganz seltenen Fällen, Dinge zu tun, die gegen ihren freien Willen sind, den er ihnen ursprünglich gegeben hat. In 2. Mose 9, 12 heißt es, daß Gott das Herz des Pharao zwang, sich gegen das Reden Moses zu verhärten. Andere ähnliche Fälle finden sich in Römer 9, 10–13 und Römer 11, 8.

Die meisten Entscheidungen, die die Menschen treffen, werden ihnen jedoch nicht von Gott aufgezwungen.

Deshalb ist es töricht zu glauben, daß wenn jemand dir einen Arbeitsplatz anbietet oder dich heiraten will, Gott dadurch die Tür der Umstände öffnet, um dir so seinen Willen zu offenbaren. Diese Umstände zeigen nur dann Gottes Willen an, wenn die Person, die dir z. B. den Auftrag gibt, die Gebetsversammlung in der Gemeinde zu leiten, dies im Gehorsam auf die innere Stimme oder ein inneres Zeugnis des Heiligen Geistes tut.

Manchmal zeigt Gott auch Ungläubigen in ihren Gedanken, was sie tun sollen. Meistens erkennen die Ungläubigen jedoch nicht, daß Gott zu ihnen redet. Manchmal gehorchen sie **unbewußt** dieser inneren Stimme. Zu anderen Zeiten hören sie nicht darauf.

Nehmen wir ein Beispiel aus der Heiligen Schrift: Nebukadnezar, der König Babyloniens, war ein Heide. Dies ist daraus zu erkennen, das er ein goldenes Standbild aufstellen ließ, daß alle Menschen anbeten mußten. Er machte ein Gesetz, daß alle getötet werden sollten, die diesem Befehl nicht gehorchten. Dies finden wir in Daniel 3, 1–7. Aber schon vor dieser Zeit sprach Gott in Daniel Kapitel 2 zu Nebukadnezar in einem Traum.

Nur weil ein Ungläubiger aus Unwissen Gott einige Male gehorcht, kommt er noch lange nicht in den Himmel. Dazu braucht es eine persönliche, auf Liebe und Glaube gegründete Beziehung durch den Heiligen Geist zu Gott.

Ungünstige Umstände

Ungünstige Umstände bringen nicht immer zum Ausdruck, daß du nicht mehr im Willen Gottes bist. Das ist nur **manchmal** der Fall. Wie schon gezeigt wurde, kannst du **manchmal** durch ungünstige, schwierige Umstände gehen und dennoch in Gottes vollkommenem Willen stehen.

Nur die innere Führung des Heiligen Geistes kann offenbaren, ob die ungünstigen Umstände ein Ergebnis der Tatsache sind, daß du nicht mehr im vollkommenen Willen Gottes stehst. Denke immer daran, daß die innere Führung des Heiligen Geistes und der Heiligen Schrift **viel zuverlässigere** Kennzeichen von Gottes Willen für dein Leben sind. Sei nicht abergläubisch in Bezug auf die Umstände wie die Mohammedaner und viele Heiden früherer Zeiten!

Auch die Umstände kommen **auf lange Sicht** immer in Einklang mit dem, was dir Gott durch ein inneres

Badewanne neu 089/8711960

Zeugnis, eine innere Stimme oder einen Traum usw. gezeigt hat. Häufig sind sie jedoch **zunächst das Gegenteil** von dem, was dir Gott durch seinen Heiligen Geist offenbart.

Gott sagte zum Beispiel Abraham in einer Vision voraus, daß er einen Sohn haben würde (vgl. 1. Mose 15, 1–5). Doch 25 Jahre lang waren die Umstände anders als diese innere Führung. In all diesen Jahren wurde Abraham kein Sohn geboren.

Aber nach diesen 25 Jahren änderten sich die Umstände und stimmten nun mit der gegebenen Offenbarung überein. Hätte Abraham in diesen 25 Jahren seine und Sarahs körperliche Unfähigkeit, ein Kind zu haben, als wichtigstes Kennzeichen von Gottes vollkommenem Willen angeschaut, hätte er an den Worten des Herrn gezweifelt. Arbeite dazu Römer 4, 17–22 durch.

Abraham benützte die Umstände nicht als wichtigstes Kennzeichen für die göttliche Führung. Stattdessen vertraute er auf die inneren Stimmen, Träume und Visionen, die Gott ihm in 1. Mose 15, 1–5; 17, 1–22 und 18, 1–15 gab.

Zusammenfassung

Die Umstände **allein** sind deshalb noch kein zuverlässiges Zeichen für Gottes Willen. Sie müssen **bestätigt** werden durch:

1. die Worte und Lehren der Heiligen Schrift und/oder
2. die innere Führung in deinen Gedanken und deinem menschlichen Geist von Gott, dem Heiligen Geist, **bevor du sie als Zeichen für Gottes Willen annehmen kannst.**

Versuche nicht, Gottes Willen nachzuhelfen, indem du betest: »Öffne die Tür, wenn es dein Wille ist« oder indem du auf die **Umstände allein** schaust.

Fragen zum Bibelstudium

Kapitel 8
Lebensumstände

1. Können **alle** Lebensumstände als **Zeichen** für Gottes Willen verwendet werden?
2. Verursacht Gott alle Dinge oder erlaubt er viele Geschehnisse nur?
3. Zeigen ungünstige Umstände immer, daß du nicht mehr in Gottes Willen bist?
4. Was sollte deine Einstellung zu den Lebensumständen sein, wenn du versuchst herauszufinden, was Gott dir sagt?

9

Prüft aber alles

(1. Thessalonicher 5, 21)

Jeden Tag haben wir in unserem Verstand Gedanken, die aus unserer eigenen menschlichen Vernunft stammen. Jeden Tag können auch Gedanken in unseren Verstand kommen, die uns die Dämonen einreden wollen. Deshalb ist es für jeden Christen sehr wichtig, den Unterschied zwischen diesen Gedanken und der inneren Stimme Gottes, des Heiligen Geistes, zu erkennen.

Wir wollen uns nicht von raffinierten dämonischen Geistern betrügen lassen. Wir wollen auch nicht unser Leben von unseren eigenen menschlichen Plänen und Zielen bestimmt sein lassen, weil diese oft nicht Gottes Willen entsprechen. Gottes Worte in Jesaja 55, 9 sind die Wahrheit:

> *»So hoch der Himmel über der Erde ist, so weit reichen meine Gedanken hinaus über alles, was ihr euch ausdenkt« (G.N.).*

Es gibt zwei wichtige Arten, die göttliche Führung zu prüfen.

Der erste Test

Die erste Möglichkeit, durch die du prüfen kannst, ob eine innere Stimme von Gottes Geist oder aus deinem eigenen Verstand oder von dämonischen Geistern stammt, ist der Vergleich mit der Bibel. Die Heiligen Schriften werden dir zeigen, ob die innere Stimme dich etwas zu tun oder zu glauben heißt, was gegen Gottes Willen ist.

Wenn zum Beispiel die »innere Stimme« dir sagt, du sollst mit den Geistern der Toten Verbindung aufnehmen, kannst du wissen, daß diese Stimme von einem Dämon oder aus deiner eigenen menschlichen Vernunft stammt. 5. Mose 18, 11 verbietet, Tote zu befragen. **Das Wort Gottes und der Heilige Geist widersprechen sich nie.**

Der zweite Test

Die zweite Möglichkeit zur Prüfung, ob die innere Stimme von Gott, dem Heiligen Geist, stammt, der in deinem menschlichen Geist wohnt, wenn du wirklich in einer persönlichen Beziehung mit Gott stehst, ist diese: Du hast ein starkes Empfinden von **Friede**, **Freude** oder **beidem** in deinem Geist, wenn dir diese Gedanken kommen. Die innere Stimme und das innere Zeugnis gehen oft zusammen.

Nehmen wir an, beim Warten auf Gott im Gebet kommt dir der Gedanke in den Sinn, daß du heute deine Schwiegermutter besuchen solltest, um ihr geistlich beizustehen. Gleichzeitig hast du ein starkes Empfinden von Friede oder Freude in deinem Geist. Also sagt dir Gott durch die innere Stimme, dies zu tun.

Hier ist ein zweites Beispiel. Während du betest, sagt dir eine Stimme in deinen Gedanken, daß Gott von dir den festen Glauben erwartet, daß deine Frau auf übernatürliche Weise ein Kind haben wird. Die Stimme in deinen Gedanken sagt dies, obwohl deine Frau körperlich unfähig ist, ein Kind zu bekommen. Wenn du großen Frieden in deinem Geist hast, während dir diese Gedanken kommen, redet Gott zu dir. Denke daran, daß Gott auf diese Weise mit Abraham gesprochen hat.

Dieser Friede und diese Freude werden in deinem Geist und nicht in deinen menschlichen Gefühlen sein. Es wird dich vielleicht viel Übung und Gebet kosten, um den Unterschied zu erkennen. Aber versuche weiterhin, dies herauszufinden, auch wenn du einige Fehler machst. Du mußt wie ein Baby krabbeln, bevor du gehen lernen kannst.

Der Friede und die Freude des inneren Zeugnisses werden die innere Stimme Gottes, des Heiligen Geistes, eher begleiten, wenn du die Anweisungen in Kapitel 16 »Die Entwicklung der Fähigkeit, Gottes Stimme zu erkennen« befolgst.

Manchmal wird die innere Stimme nicht von dem inneren Zeugnis des Friedens und der Freude begleitet, aber dies ist seltener. Wenn dies in deinem Fall geschieht, solltest du Gott im Gebet fragen, ob diese scheinbare »Offenbarung« wirklich von ihm ist. Es ist nämlich schwieriger wirklich zu erkennen, ob eine innere Stimme ohne das innere Zeugnis wirklich von Gott ist oder nicht.

Ein Beispiel

Hier ist ein Beispiel, wie man eine Offenbarung auf die zweite Möglichkeit prüfen kann. Ich kenne jemand, der einen Evangelisten in Australien sagen hörte, daß ihm der Heilige Geist offenbart habe, daß Indien im Juni 1980 kommunistisch werden würde. Diese Person hatte das innere Zeugnis **eines sehr unangenehmen Empfindens** in ihrem Geist (aber nicht in ihren menschlichen Gefühlen), als dieser Evangelist das sagte. Dadurch zeigte ihr Gott durch das innere Zeugnis, daß diese Behauptungen überhaupt nicht von ihm stammten.

Beachte jedoch, daß wenn du schlechte Empfindungen in deinen menschlichen Gefühlen hast, wenn du eine echte Weissagung Gottes hörst (wenn du z. B. Elia eine Hungersnot voraussagen hören würdest), dies nicht ein inneres Zeugnis, sondern dein eigenes Fleisch ist.

Gerade wie das innere Zeugnis des Heiligen Geistes jener Person offenbarte, sprach der Evangelist seine eigenen Ideen und nicht Gottes Gedanken aus, denn Indien wurde im Juni 1980 nicht kommunistisch.

Wir sollten jedoch beachten, daß ein Christ nicht einfach deshalb ein falscher Prophet ist, weil er einen Fehler beim Erkennen der göttlichen Führung macht und etwas als von Gott darstellt, was in Wirklichkeit nicht von ihm ist.

Diese Person könnte eventuell ein Christ sein, der Gott gehorchen möchte, aber eben einen Fehler machte. Wir alle können eine Führung von Gott falsch verstehen, besonders wenn wir geistlich unreif sind. Apostelgeschichte 20, 30 erklärte Paulus jedoch, daß falsche Propheten tatsächlich Glieder gewisser christlicher Lokalgemeinden sein können.

Einige weitere wichtige Punkte

Manche Kirchgänger überbetonen wie einige Quäker die Wichtigkeit der inneren Führung. Sie prüfen ihre sogenannte »innere Führung vom Heiligen Geist« nicht mit den Lehren der Bibel. Aus diesem Grund behaupten manche, der Heilige Geist habe ihnen gesagt, daß die Menschen nicht mit einer sündigen Natur geboren würden und daß Homosexualität nicht verkehrt sei.

In diesem Fall ist die sogenannte »innere Leitung des Heiligen Geistes« überhaupt nicht von Gott, dem Heiligen Geist. 1. Korinther 6, 9 und Römer 1, 26 + 27 im Neuen Testament und 3. Mose 18, 22; 20, 13; 5. Mose 23, 18 + 19; 1. Könige 14, 24 und 2. Könige 23, 7 im Alten Testament bringen alle zum Ausdruck, daß Gott Homosexualität als böse bezeichnet. Gott, der Heilige Geist, würde nicht etwas in der Heiligen Schrift sagen und dann etwas anderes durch die innere Führung irgendeines Quäkers oder eines anderen Kirchgängers.

Beachte auch, daß Galater 5, 17–21; Römer 3, 9–18 und 3, 23 zeigen, daß die menschliche Natur nicht gut ist. Gott, der Heilige Geist, würde niemand eine innere Leitung geben, die das Gegenteil zum Ausdruck bringt.

Gott ist nicht so unkonsequent. Im Verlauf der Kirchengeschichte haben manche eine sogenannte »innere Leitung« angenommen, die entgegen den Lehren der Heiligen Schrift war. Als Ergebnis davon haben manche Kirchenlehrer das innere Zeugnis und die innere Stimme des Heiligen Geistes ganz abgelehnt. Auf diese Weise haben diese törichten Gläubigen dazu beigetragen, daß diese beiden auf der Heiligen Schrift gegründeten Arten der Führung von Gott in Mißkredit kamen.

Alle Christen sollten bereit sein, ihre sogenannten Offenbarungen des Heiligen Geistes durch die örtliche Gemeindeleitung überprüfen zu lassen. Diese wirklich schriftgemäße Methode geht auf Jesus und die Apostel zurück. Dies ist besonders wichtig, wenn die Offenbarung als ein Wort des Herrn von Gott, dem Heiligen Geist, zu der ganzen Gemeinde oder einem anderen Gläubigen gesagt wird. In 1.Thessalonicher 5, 19–21 heißt es:

»Unterdrückt nicht das Wirken des Heiligen Geistes! Verachtet nicht die Weisungen, die er euch gibt. ***Prüft*** *aber alles, und nehmt nur an, was gut ist« (G.N.).*

Diese Verse zeigen, daß wir Offenbarungen, die direkt durch den Geist Jesu oder indirekt durch andere Christen an uns gerichtet werden, nicht abweisen sollen. Sie zeigen uns aber auch, daß wir all die Dinge prüfen müssen, die uns als Offenbarungen Gottes weitergegeben werden.

Zwei Möglichkeiten zur Prüfung

Wir fassen zusammen: Du kannst erkennen, ob eine Offenbarung wirklich von Gott ist,

a) indem du **überprüfst, ob die Offenbarung sich von den biblischen Grundsätzen unterscheidet** (vgl. 2.Timotheus 3, 16+17; Apostelgeschichte 17, 11; 1. Korinther 14, 37+38 und Markus 7, 1–13).

b) indem du **prüfst, ob du ein inneres Zeugnis des Friedens und der Freude vom Heiligen Geist** (oder eine innere Unruhe bzw. einen Mangel an Frieden von dem Heiligen Geist) **hast,** während du **an den Punkt denkst und/oder darüber betest** (vgl. Galater 5, 22; Römer 8, 16; Kolosser 3, 15).

1. Korinther 14, 29 ist eine weitere Schriftstelle, die bestätigt, daß wir alles überprüfen müssen, was als Offenbarung Gottes, des Heiligen Geistes, an die Gemeinde ausgegeben wird. Dieser Vers lautet:

»Auch von denen, die Weisungen Gottes empfangen, sollen nur zwei oder drei reden. Die anderen sollen das Gesagte beurteilen« (G. N.).

Fragen zum Bibelstudium

Kapitel 9
Prüft aber alles

1. Was sind die beiden wichtigsten Möglichkeiten zur Überprüfung, ob das, was Gott deiner Meinung nach zu dir geredet hat, auch wirklich von ihm ist?
2. Warum mußt du alle »Führungen« oder »Stimmen« oder »Offenbarungen« prüfen?
3. Besprich mit deiner Bibelstudiengruppe Fälle, von denen du der Meinung bist, daß Gott zu dir geredet hat. Diese »Führung« sollte dann vom Leiter der Gruppe oder von allen auf die beiden erwähnten Arten geprüft werden.

10

Der gottgegebene Verstand – wozu ist er da?

Einige Prediger behaupten, daß Gott uns die Vernunft und den gesunden Menschenverstand gegeben hat, um damit zu entscheiden, was wir in unserem Leben tun sollen. Sie seien Geschenke von Gott, mit denen wir entscheiden sollen, welche Arbeit wir annehmen, in welcher Stadt wir leben, welche Ortsgemeinde wir besuchen, welche Möbel oder welches Auto wir kaufen sollen und ähnliche Dinge.

Diese Prediger kennen die Heilige Schrift nicht sehr gut. Sie möchten uns in Ungehorsam gegen den Heiligen Geist führen. Obwohl unsere Vernunft und unser gesunder Menschenverstand gottgegebene Gaben sind, können sie nur richtig wirken, **wenn sie durch Gott, den Heiligen Geist, gelenkt werden.** Römer 8, 6+7 zeigt dies deutlich:

> *»Aber* ***fleischlich gesinnt*** *sein (damit ist unser Sinn und unsere Vernunft ohne den Heiligen Geist gemeint) ist der Tod, und* ***geistlich gesinnt*** *sein ist Leben und Friede. Denn fleischlich gesinnt sein ist eine Feindschaft wider Gott, sintemal das Fleisch dem Gesetz Gottes nicht untertan ist; denn es vermag's auch nicht« (L.).*

Vers 6 zeigt, daß Gott die menschliche Vernunft einschließlich ihres gesunden Menschenverstandes als **tot** und **nutzlos** bezeichnet, wenn sie nicht durch die Gegenwart und Führung des Heiligen Geistes geleitet wird. Dieser Vers behauptet nicht, daß die menschliche

Vernunft und der gesunde Menschenverstand böse sind. Stattdessen weist er ihnen den rechtmäßigen Platz zu.

Manche Kirchgänger haben eine geistlich tote Vernunft, weil ihnen gelehrt wird, daß sie ihre eigenen Entscheidungen allein mit ihrer Vernunft und ihrem gesunden Menschenverstand machen sollen. Wie tragisch!

Vernunft und gesunder Menschenverstand

Die Vernunft kann definiert werden als die Fähigkeit des menschlichen Verstandes, logisch zu denken, mathematische Zusammenhänge zu erkennen, selbständige Herleitungen zu machen, die Beziehungen zwischen verschiedenen Dingen zu finden, geistig sich etwas vorzustellen usw.

Gesunder Menschenverstand kann als das Wissen definiert werden, das durch die **Erfahrungen** deiner **fünf körperlichen Sinne** oder durch die Vermittlung des Wissens anderer Personen gewonnen wird, das diese durch die Erfahrungen ihrer Sinne erlangt haben. Die fünf körperlichen Sinne sind **Sehkraft, Gehör, Geruch, Geschmack und Tastsinn.**

Die körperlichen Sinne und die Fähigkeiten unserer Vernunft sind Geschenke Gottes. Sie werden in verschiedener Qualität jeder Person gegeben. Sie arbeiten meist im menschlichen Lernprozeß oder bei der Willensentscheidung zusammen. Wenn ein Kind zum Beispiel von seinem Vater lernt, benützt es seine Fähigkeiten, zu sehen, zu hören und zu denken, um das in sich aufzunehmen, was der Vater sagt.

Es ist nicht verkehrt zu lernen, wie man einen Nagel einschlägt, wie man eine Mahlzeit kocht, wie man die Zähne putzt oder wie man in einem See schwimmt, indem man dazu die Vernunft und die fünf körperlichen Sinne benützt.

Als Christ mußt du jedoch die Fähigkeiten deiner Vernunft und deinen gesunden Menschenverstand immer unter die Leitung Gottes, des Heiligen Geistes, stellen.

In der Praxis bedeutet dies, immer **bereit** zu sein, das **vollständig zu ignorieren**, was deine Vernunft und dein gesunder Menschenverstand dir sagen, wenn

a) **die Bibel** etwas lehrt, was deine Vernunft und dein Verstand nicht verstehen können. Laß zum Beispiel die Begrenzungen deines menschlichen Verstandes nicht dazu führen, die Wahrheit der Dreieinigkeit abzulehnen, nur weil du sie nicht verstehen kannst, (vgl. 2. Korinther 3, 17; Jesaja 9, 6; Johannes 5, 17+18; 23-26; Johannes 8, 58).

b) **der Geist Jesu** dich zu einer Handlung leitet, die der menschlichen Vernunft und dem gesunden Menschenverstand töricht erscheint. Gottes Geist könnte dir zum Beispiel offenbaren, daß er dich zu einem bestimmten Zweck schneller als Pferde rennen lassen möchte (wie dies bei Elia der Fall war: vgl. 1. Könige 18, 45–46). Deine Vernunft und die Erfahrungen deiner körperlichen Sinne werden dir vermutlich sagen, daß dies unmöglich ist. Wenn du ihnen dennoch vertraust, wirst du zweifeln und schließlich Gottes Willen nicht gehorchen.

Dasselbe würde wohl zutreffen, wenn der Heilige Geist dir den Auftrag geben würde, daß du zu einem bestimmten Zweck auf dem Wasser gehen sollst. Würdest du dich durch deine Vernunft und die Erfahrungen deines Lebens oder die Erfahrungen deiner Freunde davon abhalten lassen, Gott zuzutrauen, daß er dir die Kraft dazu schenken kann? Petrus glaubte zunächst und konnte tatsächlich auf dem Wasser gehen, bis er anfing zu zweifeln.

Übergib Gott deine Vernunft

Wenn du nicht deine Fähigkeit zum vernünftigen Denken und deinen gesunden Menschenverstand jeden Tag der Kontrolle des Heiligen Geistes **unterordnest**, wirst du kein geistgeleiteter, sondern ein auf dich selbst angewiesener, schwacher Christ sein, weil du mehr von deiner Vernunft geleitet wirst als durch Gott.

Du mußt deine Vernunft und deinen Verstand Gottes Kontrolle unterordnen, wie dies in Römer 12, 1+2; Galater 5, 16 und vielen anderen Bibelstellen befohlen wird.

Die körperlichen Sinne wurden von Gott zu einem guten Zweck gegeben. Doch viele Menschen machen die Erfahrungen ihrer Sinne zu einem »Gott«, indem sie auch dann ihren fünf Sinnen vertrauen, wenn die Bibel oder die Leitung des Heiligen Geistes etwas anderes fordert.

Sie vergessen, daß die körperlichen Sinne durch Gott begrenzt wurden. Er tat dies, damit die Menschen sich nicht von ihren körperlichen Sinnen statt von ihm regieren lassen.

Begrenzungen der körperlichen Sinne

Falls du einen Beweis für die Begrenzungen der Sinne brauchst, sind hier einige Beispiele:

- Das menschliche Ohr kann gewisse Töne nicht hören, die ein Hund hören kann.
- Wenn wir ein Eisenbahngleis hinunter sehen, gibt uns das menschliche Auge den falschen Eindruck, daß die Schienen sich in der Entfernung treffen.
- Menschen können gewisse Dinge nicht riechen, die Tiere mit ihren Nasen feststellen können.
- Den Geschmacksknospen einer bestimmten Person kann eine gewisse Nahrung bitter schmecken. Eine andere kann sie als süß empfinden. Welche Geschmacksknospen geben die richtige Information?

Es gibt viele andere Beispiele, die die Begrenzungen der körperlichen Sinne und ihre Abweichung in gewissen Fällen zeigen.

Die menschliche Vernunft hat ähnliche Begrenzungen, wie schon in Kapitel 7 ausgeführt wurde.

Der gesunde Menschenverstand wird durch deine eigenen Erfahrungen und die Erfahrungen der übrigen Personen begrenzt, die diese dir mitteilen. Gott hat eine Kenntnis und Erfahrung zahlloser Dinge, die du, deine Eltern, Freunde, Lehrer und andere nie hatten. In Hebräer 4, 13 heißt es:

»Es gibt nichts, was Gott verborgen wäre. ***Alles*** *liegt nackt und bloß vor den Augen dessen da, dem wir Rechenschaft schuldig sind« (G. N.).*

Vergleiche dazu auch 1. Samuel 16, 7; Hiob 34, 21; Hiob Kapitel 38–41 und Jesaja 55, 8–9.

Wenn du also das Treffen deiner Entscheidungen auf das Wissen und die Erfahrungen anderer Leute gründest, setzt du dir selbst enge Grenzen. Beispiele von Menschen finden sich in Kapitel 12 »Wohin ein Verstand führt, der nicht von Gott gelenkt wird«.

In Kapitel 13 »Beispiele für unglaubliches Vertrauen in Gottes Führung« und in den ersten Punkten von Kapitel 18 »Zusätzliche beachtenswerte Punkte« werden gute Beispiele für Menschen gegeben, die sich nicht auf die erwähnte Weise begrenzten. Gott wird wahrscheinlich auch dich prüfen, um herauszufinden, ob du ihm gehorchst, wenn er dich zu einer Handlung führt, die die menschliche Vernunft und der gesunde Menschenverstand nicht verstehen können oder noch nicht erfahren haben.

Die Subjektivität der Personen, die innere Führung ablehnen

Viele Kirchgänger widersetzen sich dem Gedanken, sich innerlich durch den Heiligen Geist und durch Zeichen in den Umständen leiten zu lassen. Sie sagen, es sei zu subjektiv, auf diese Weise zu Entschlüssen zu kommen.

Solch eine Argumentation erscheint zunächst geistlich reif. Diese Personen sagen, daß sie ihre Entscheidungen auf der Grundlage der Bibel und auf der Grundlage eines gesunden Urteilsvermögens treffen.

Es ist wahr, daß die Bibel gute allgemeine Richtlinien darüber gibt, wen zu heiraten, wo zu leben usw. Aber weil die Bibel doch keine genauen Angaben gibt, wen man heiraten, wo man leben, welche Arbeit man annehmen sollte usw., **benützen** die erwähnten »stabilen und reifen« Kirchgänger schließlich in der Praxis **ihre Vernunft und ihren gesunden Menschenverstand, um die letzte Entscheidung zu treffen.**

Die Bibel zeigt uns zum Beispiel, daß wir keine Arbeit annehmen sollten, die Stehlen, Morden, unmoralische Handlungen, Lügen oder okkulte Praktiken notwendig machen. Sie sagt jedoch nicht, **welche** der Tausenden von Arbeiten, die biblisch in Ordnung sind, die beste ist.

Indem diese Kirchgänger ihrer menschlichen Vernunft und ihrem gesunden Verstand einen so wichtigen Platz in ihren Entscheidungen einräumen, wird ihr Leben in Wirklichkeit einer **größeren Subjektivität** unterworfen, als das von Christen, die innere Führung durch den Heiligen Geist erstreben.

Diese größere Subjektivität ist die Folge der Begrenzung der wichtigen Lebensentscheidungen auf die menschliche Vernunft, die **Fehler macht**, und auf den gesunden Menschenverstand, der sich auf die **begrenzten Erfahrungen** und die **fehlbaren** menschlichen Sinne gründet.

Probleme mit der menschlichen Vernunft

Welch große Probleme entstehen können, wenn man die menschliche Vernunft überbetont, läßt sich zum Beispiel bei der Wahl des Ehepartners zeigen. Wenn der gesunde Menschenverstand zur Grundlage dieser Entscheidung genommen wird, kommt es immer wieder vor, daß zwei oder mehrere christliche Männer zu der Entscheidung kommen, das gleiche Mädchen zu heiraten.

Jeder dieser jungen Männer behauptet, daß er aufgrund seiner Vernunft weiß, daß es am besten ist, wenn er dieses Mädchen heiratet. Dies ist doch außerordentlich subjektiv!

Auch bei der Bewerbung für einen Arbeitsplatz können ähnliche Situationen entstehen, wenn die Entscheidung allein durch die Vernunft getroffen wird. Mehrere junge Christen können der Meinung sein, daß sie am besten für den Arbeitsplatz in einer bestimmten Firma passen. Ähnliche Beispiele gibt es in großer Zahl.

Der richtige Gebrauch von Vernunft und Verstand

Das folgende Beispiel zeigt den rechtmäßigen Platz von gesundem Menschenverstand und vernünftigem Denken im Leben eines Christen. Eine Christin erwacht und bemerkt, daß ihr Haus brennt. Ihr Mann und ihre drei Kinder schlafen noch.

In dieser Situation wäre es töricht, wenn die Frau eine halbe Stunde oder mehr damit verbringen würde, den Herrn nach seinem Willen zu fragen. Inzwischen wäre ja das Haus längst niedergebrannt und sie und ihre Familie umgekommen.

Als erstes sollte sie ein kurzes Gebet von zwei Sekunden sprechen: »Herr, ich vertraue dir, daß du mir jetzt hilfst und mich führst.« Als nächstes würde sie ihren Verstand einsetzen, der ihr aufgrund **ihrer Erfahrungen** mit Bränden in der Vergangenheit den Auftrag vermitteln würde, ihre Familie zu wecken und so schnell wie möglich nach draußen zu schaffen. Dies ist kein verkehrter Gebrauch der Vernunft.

Wenn sie dabei jedoch nicht willig wäre, offen für eine spezielle Führung des Heiligen Geistes zu sein, wäre es trotzdem eine geistlich unreife Verwendung der Vernunft. Gott könnte zum Beispiel wissen, daß sich die Vordertür nicht mehr öffnen läßt. Wenn sie versuchen würde, ihre Familie durch diese Tür nach draußen zu bringen, wären sie dort gefangen und würden verbrennen.

Es könnte sein, daß Gott ihr diese Information geben möchte, von der ihre Vernunft nichts weiß. Wenn sie nicht gelernt hat, die Stimme des Heiligen Geistes zu erkennen, oder wenn sie nicht bereit ist, ihre Vernunft dieser Leitung unterzuordnen, könnte sie indirekt schuld am Tod ihrer Familienangehörigen sein.

Du kannst deine gottgegebene Vernunft und deinen gesunden Menschenverstand verwenden, um kleine Entscheidungen zu treffen. Du solltest jedoch immer bereit sein, dich **sofort korrigieren zu lassen**, wenn der Geist Christi dir eine innere Leitung gibt, etwas zu tun, das gegen den Vorschlag oder das Verständnis der Vernunft geht. Benütze deine Vernunft auch nie, um Entscheidungen zu treffen, die nicht mit der Bibel übereinstimmen.

Kapitel 15 »Tägliche Übung, den Willen Gottes zu suchen«, wird noch weiter auf diese Dinge eingehen.

Fragen zum Bibelstudium

Kapitel 10
Der gottgegebene Verstand – wozu ist er da?

1. Erwartet Gott von uns, daß wir den von ihm gegebenen Verstand benützen, um zu entscheiden, wo wir leben, wen wir heiraten sollen usw.?
2. Wie läßt sich die fleischliche Gesinnung beschreiben?

11

Der Zustand des menschlichen Verstandes ohne Gott

Der menschliche Verstand oder Intellekt ist nichts Böses, denn alles, was Gott geschaffen hat, ist gut. 1. Timotheus 4, 4 und 1. Mose 1, 31 beweisen, daß **alle natürlichen** Dinge von Gott ursprünglich in **sehr gutem** Zustand geschaffen wurden.

Das Problem entstand, als sich Adam in Ungehorsam von Gott abwandte. Dadurch verlor er die Gegenwart des Geistes Jesu in seinem Körper und Geist, in seinen Gedanken und Gefühlen. In Römer 5, 12 heißt es:

> »*Wie die Sünde durch einen einzigen Menschen in die Welt kam, so auch die Rettung aus der Gewalt der Sünde. Die Sünde dieses einen brachte den Tod mit sich, und* ***alle gerieten unter die Herrschaft des Todes;*** *denn sie haben ohne Ausnahme selbst gesündigt*« *(G. N.).*

Dieser Vers zeigt, daß alle Menschen als Folge der Sünde Adams sterben müssen.

Der Tod ist das Ergebnis des fehlenden Lebens. Jesus sagte in Johannes 14, 6, daß er »das Leben« ist. Römer 8, 2 und Offenbarung 11, 11 bringen zum Ausdruck, daß der Heilige Geist Leben gibt. Adam hatte deshalb einen Körper, der zu sterben begann, und einen Geist, der im geistlichen Sinn gestorben war, weil der Heilige Geist nicht mehr in seinem Geist wohnte und seinen Verstand, seinen Körper und seine Gefühle kontrollierte. Dasselbe geschah mit Eva.

Als diese beiden Kinder zeugten, lebte auch in deren Geist und Verstand nicht mehr Gott, der Heilige Geist. Aus diesem Grund neigen seit dieser Zeit bis auf den heutigen Tag alle Menschen dazu, verkehrte Dinge zu tun. Paulus verdeutlicht diese Tatsache in Römer 8, 6:

»Aber fleischlich gesinnt sein ist der Tod, und geistlich gesinnt sein ist Leben und Friede« (L.).

Römer 8, 6 bezieht sich sowohl auf den Zustand des menschlichen Geistes als auch auf den Zustand des menschlichen Körpers. Denn ein menschlicher Geist, der nicht von Gott, dem Vater, und Gott, dem Sohn, in der Person von Gott, dem Heiligen Geist, bewohnt wird, ist **geistlich tot** und wird in der Hölle enden. Dies erklärte Jesus dem sehr religiösen Nikodemus in Johannes 3, 5+6:

»Ich versichere dir: ***nur*** *wer von Wasser und Geist geboren wird, kann in Gottes neue Welt hineinkommen. Was Menschen zur Welt bringen, ist und bleibt menschlich. Geistliches aber kann nur vom Geist Gottes geboren werden«* (G.N.).

Satan und die Dämonen sind Beispiele dafür, was geschieht, wenn jemand in seinem Geist zu lange von dem Leben, der Kraft und der Liebe des Geistes Christi getrennt wurde. Sie sind geistlich in einem noch toteren Zustand als die Menschen, die Jesus Christus und die Kraft des Geistes ablehnen, weil sie sich ihm schon viel länger widersetzen.

Obwohl die Menschen Gott die Möglichkeit geben können, ihren Geist lebendig zu machen, indem sie mit seinem Geist erfüllt werden, stirbt ihr Körper dennoch. Kein geisterfüllter Christ wird je so stark von ihm kontrolliert, daß der Sterbeprozeß in seinem Körper umgekehrt wird. Paulus redete davon in 2. Korinther 4, 16:

»... ob unser äußerlicher Mensch verdirbt, so wird doch der innerliche von Tag zu Tag erneuert« (L.).

Wie Römer 7, 22+23 (L.) zum Ausdruck bringt, hat dein inwendiger Mensch (dein Geist), nachdem du durch den Geist Gottes wiedergeboren bist, Lust, Gottes Gesetz zu tun. Doch dein Verstand, deine Gefühle und dein Körper, die in Vers 23 als »Glieder« bezeichnet werden, wollen der Sünde nachgeben.

Dies erklärt, warum der Verstand und die Gefühle des Menschen, obwohl sie ursprünglich durch Gott gut geschaffen wurden, in einem verkehrten Zustand sind, bis sie Tag für Tag der Kontrolle des Heiligen Geistes übergeben werden.

Obwohl also der menschliche Verstand nicht in sich selbst böse ist, trifft er doch **nur** dann richtige Entscheidungen, wenn er auf die Weise benützt wird, die der Schöpfer für ihn vorgesehen hat. Gott wollte, daß er durch die Gegenwart und Führung seines Heiligen Geistes kontrolliert wird. Hasse deine Vernunft und deinen gesunden Menschenverstand nicht. Halte sie unter der Kontrolle des Heiligen Geistes.

Ein menschlicher Verstand, der nicht durch die innere Offenbarung und Führung des Heiligen Geistes kontrolliert wird, ist wie ein **Auto** ohne **Benzin** oder **menschliche Gefühle** ohne **Liebe**.

Fragen zum Bibelstudium

Kapitel 11
Der Zustand des menschlichen Verstandes ohne Gott

1. Ist der menschliche Verstand etwas Böses?
2. Warum ist der menschliche Verstand in einem verkehrten Zustand, bis er durch die Gegenwart und Führung Gottes, des Heiligen Geistes, kontrolliert wird?

12
Wohin ein Verstand führt, der nicht von Gott gelenkt wird

Wohin es führt, wenn Menschen ihre Vernunft und ihren gesunden Menschenverstand nicht Gott unterordnen, kann man zuerst im Buch Richter erkennen. Richter 17, 6 und 21, 25 bringen zum Ausdruck, daß damals »jeder tat, was recht war in seinen Augen«. Sie taten also das, was ihr gottgegebener Verstand für am besten hielt.

Lies das Buch Richter und stelle selbst fest, in welch schrecklicher Weise die meisten vom Volk Israel zu jener Zeit von Gott abfielen.

Saul

König Saul ist ein weiteres Beispiel für jemand, der seinen gottgegebenen Verstand benützte und dadurch in schreckliche Schwierigkeiten kam. In 1. Samuel 15, 1–29 sehen wir, daß Gott ihm den Auftrag gab, alle Amalekiter samt ihren Tieren zu töten. Aber Saul führte nur einen **Teil** von dem aus, was Gott befohlen hatte. Er tötete die Amalekiter **außer ihrem König**. Außerdem töteten die Israeliten nur **einige** der Tiere.

Der gottgegebene menschliche Verstand sagte Saul, er solle die besten Tiere als Opfer für Gott verschonen. Aber Gott wollte, daß Saul seiner Leitung liebevoll gehorchen und nicht den Entscheidungen seines eigenen Verstandes folgen sollte. Außerdem dachte Sauls menschlicher Verstand, es wäre gut, den König der Amalekiter zu verschonen. Vielleicht wollte er ihn als Siegeszeichen benützen. Manche heutigen Kirchenbesucher würden wahrscheinlich genauso handeln wie Saul.

Aber weil Saul dem Befehl Gottes, des Heiligen Geistes, nur teilweise gehorchte, verwarf ihn Gott als König Israels.

Josuas Hauptfehler

Selbst Gott geweihte, geistliche Menschen können den Fehler machen, sich von ihren menschlichen Gefühlen und dem sogenannten gesunden Menschenverstand zum Ungehorsam Gott gegenüber verleiten zu lassen.

Josua 9, 1–27 zeigt, daß Josua und das Volk Israel damals nicht versuchten, den Willen Gottes zu erkennen. Stattdessen folgten sie den Vernunftsgründen ihres gottgegebenen menschlichen Verstandes und dem, was ihre gottgegebenen Augen und Ohren bei den Gibeonitern feststellten. Die Gibeoniter hatten eine abgöttische, von Dämonen beeinflußte Religion und gehörten zu den Kanaanitern, die die Israeliten auf Gottes Befehl hin töten sollten (5. Mose 20, 16–18). Um ihr Leben zu retten, versuchten jene, den gottgegebenen menschlichen Verstand der Israeliten in die Irre zu führen. Sie zogen sich deshalb auf eine Art an, als ob sie nicht aus dem Land Kanaan kämen. Die Israeliten versäumten, Gottes Führung in dieser Sache zu suchen. In Josua 9, 14 heißt es:

> »*Die Israeliten aßen zum Zeichen der Verbrüderung etwas von dem Proviant, den die Fremden mitgebracht hatten.* ***Sie versäumten es jedoch, vorher den Herrn zu fragen***« *(G.N.).*

Diese Worte aus Josua 9, 14 zeigen, wie sehr Gott den Wunsch hat, daß sich unser Verstand allein auf die göttliche Führung und Weisheit und nicht auf sich selbst und die Gedanken anderer Menschen verläßt.

Dies war das **einzige Mal**, daß Josua nicht nach dem Willen Gottes fragte und Schwierigkeiten kamen. Dies ist für uns eine wichtige Lektion. Viele Kirchenbesucher machen denselben Fehler und versäumen es oft, Gottes Leitung zu erbitten.

Da die Israeliten den Vernunftgründen ihres menschlichen Verstandes statt der Führung Gottes gefolgt waren, konnten sie die abgöttischen Gibeoniten nicht vernichten. Dies war tragisch, denn die Gibeoniten lebten dann als Sklaven unter den Israeliten und veranlaßten in späteren Jahren viele fromme Israeliten, in den Götzendienst zu verfallen.

Gott wollte die Israeliten vor diesem schrecklichen Problem bewahren. Aber weil sich die Israeliten allein auf ihren menschlichen Verstand verließen, kamen sie in Schwierigkeiten.

Der Apostel Petrus verläßt sich auf seinen eigenen Verstand

Auch Petrus machte die Erfahrung, daß er sich mehr auf seinen menschlichen Verstand als auf die Weisheit und Führung Gottes verließ. Als Jesus seinen Jüngern sagte, daß er viel von den religiösen Führern erleiden und getötet werden würde (vgl. Matthäus 16, 21–23), versuchte Petrus Jesus zu überzeugen, dies nicht zu tun. Petrus war der Meinung, es wäre schrecklich, wenn der Messias auf diese Weise leiden und sterben müßte.

Petrus benützte hier seinen gottgegebenen Verstand, um etwas vorzuschlagen, was gegen den Willen Gottes war. In diesem Fall **vertraute Petrus mehr seinen eigenen Plänen** als der Weisheit Jesu. Jesus mußte ihm dann sagen, daß seine Gedanken menschlich waren und nicht von Gott kamen.

Auch bei einer anderen Gelegenheit kam Petrus in Schwierigkeiten, weil er sich wieder zu sehr auf die Weisheit seines eigenen Verstandes verließ. Jesus hatte ihm erklärt, daß es Gottes Wille für ihn war, auf dem Wasser zu gehen (vgl. Matthäus 14, 22–32). Petrus glaubte zunächst, daß Jesus ihm dazu die Kraft gab. Dann jedoch erlaubte er seinem Verstand, sich auf die Wellen und den starken Wind zu konzentrieren. Wahrscheinlich kamen ihm alle Erfahrungen in den Sinn, die sein Verstand schon mit diesen Gefahren gemacht hatte. Vielleicht dachte er: »Menschen können nicht auf dem Wasser gehen« oder »Ein starker Wind auf dem See bedeutet Gefahr«.

Sobald er sich diese Gedanken machte, statt auf den Sohn Gottes zu hören, verlor er das Vertrauen in Gottes Macht und Weisheit. Dadurch hörte die Kraft Gottes auf zu fließen. Vergiß nicht, daß Jesus aufgrund des menschlichen Unglaubens nicht viele Wunder tun konnte (Matthäus 13, 58, L.).

Matthäus 14, 31 zeigt, daß Petrus zu sinken begann, **als er zweifelte**. Seine Zweifel wurden dadurch verursacht, daß er auf seinen Verstand statt auf Gottes Gedanken hörte. Petrus ließ damals seinen natürlichen Verstand nicht mit Gottes übernatürlicher Weisheit erfüllt werden, die in den Worten Jesu zum Ausdruck kamen.

Ein weiterer kluger menschlicher Plan, der in einer Tragödie endete

Jeremia 42 und 43, 1–13 zeigen ein weiteres historisches Ereignis, bei dem eine Gruppe Menschen ihre Entscheidungen auf der Grundlage menschlicher Planung und Vernunft machten und aus diesem Grund Gott nicht gehorchten.

Damals baten die Leute von Juda Jeremia, Gottes Willen für sie zu suchen. Sie versprachen, daß sie Gottes Willen tun würden. Dies ist Jeremia 42, 5 + 6 zu entnehmen. Nach dem Jeremia zehn Tage lang auf Gottes Reden gewartet hatte, erhielt er von ihm den Auftrag, den Juden zu sagen, sich nicht vor dem König von Babylon zu fürchten. Gott versprach, daß er sie aus der Macht des babylonischen Königs retten würde (vgl. Vers 7–12).

Weil Ägypten jedoch ein starkes und weit von Babylonien entferntes Land war, das nach ihrer Meinung den babylonischen Armeen standhalten konnte, kamen die meisten Bewohner Judas durch ihren gottgegebenen menschlichen Verstand zu der Schlußfolgerung, daß sie in Ägypten sicher waren. Sie beschlossen deshalb, dorthin zu ziehen (vgl. Jeremia 43, 1–7).

Gott, der Heilige Geist, befahl ihnen durch den Mund Jeremias, nicht nach Ägypten zu gehen (vgl. Jeremia 42, 13–22 L.). Sie gingen jedoch trotzdem, weil sie mehr auf **die Fähigkeiten ihres menschlichen Verstandes** als auf Gottes Führung vertrauten. Die Babylonier eroberten später Ägypten, und die aus Judäa dorthin Entflohenen starben unnötigerweise. Sie sollten mit ihrem Verstand auf den Herrn gehört haben, statt seine Führung abzulehnen, weil sie sich nicht mit ihrem gesunden Menschenverstand vereinbaren ließ.

Zehn Kundschafter, die ihrem begrenzten menschlichen Verstand mehr vertrauten als Gott

Ein weiteres Beispiel dafür, daß religiöse Menschen sich mehr auf ihre eigenen Fähigkeiten verlassen, sind die zehn Kundschafter, die Mose ausschickte, um das Land Kanaan zu erforschen. In 4. Mose 13, 27–29 und 31–33 verhielten sich diese zehn Kundschafter so, wie jeder menschliche Verstand reagieren würde, der nicht bereit ist, auf die Weisheit Gottes zu hören.

Sie beobachteten, daß die feindlichen Soldaten größer waren als sie, daß sie sehr starke Verteidigungsanlagen einschließlich hoher Mauern um ihre Städte und bessere Waffen hatten. Daraus schlossen sie, daß Gottes Verheißung, daß sie diese Armeen überwinden würden, falsch war. Sie **vertrauten** mehr auf ihren **gesunden Menschenverstand** als auf Gottes Verheißungen des Sieges, wie sie in 2. Mose 34, 11 zu finden sind. Viele Kirchenbesucher regeln heute die Angelegenheiten ihres Alltags auf ähnliche Weise wie die durch ihren stolzen menschlichen Verstand beherrschten zehn Kundschafter.

Kaleb und Josua achteten jedoch nicht auf das, was ihr menschlicher, fleischlicher Verstand einzuwenden hatte und glaubten Gottes Verheißung. Dies wird in 4. Mose 13, 30 und 14, 6–9 berichtet. Kaleb und Josua glaubten lieber das, was der Geist Gottes ihnen sagte. Gott war mit ihrer Haltung zufrieden, aber nicht mit der Einstellung der anderen Kundschafter (vgl. 4. Mose 14, 24+30).

Bist du wie Kaleb und Josua? Oder gleichst du den zehn Kundschaftern, die **ihrem eigenen Verstand vertrauten** und deshalb voll Zweifel und Unglauben waren?

Fußnote: Stolz wird teilweise dadurch offenbar, daß Menschen eine selbstsichere Haltung in Bezug auf die Fähigkeiten ihres eigenen begrenzten Verstandes haben und sich nicht auf den Geist Jesu verlassen, daß er ihren Verstand mit seiner Gegenwart, Weisheit und Leitung erfüllt und kontrolliert (vgl. Galater 5, 16 und 1. Korinther 1, 30). Wir können feststellen, wieviel Stolz wir haben, wenn wir beobachten, wie stark wir uns auf die natürlichen Fähigkeiten verlassen, die Gott uns gegeben hat. **Gott will überhaupt nicht**, daß wir diese Fähigkeiten ohne die Hilfe und Gegenwart seines Geistes benützen, der diese natürlichen Fähigkeiten erfüllen und richtig wirksam machen muß.

Fragen zum Bibelstudium

Kapitel 12
Wohin ein Verstand führt, der nicht von Gott gelenkt wird

1. Warum kam Saul in Schwierigkeiten durch die 1. Samuel 15, 1–29 berichteten Ereignisse?
2. Was zeigt Josua 9, 14?
3. Fing Petrus an zu sinken (Matthäus 14, 22–32), weil Gott plötzlich beschloß, dieses Wunder nicht weiterhin zu vollbringen? Oder gab es einen anderen Grund dafür?
4. Wieviele andere Beispiele kannst du in der Bibel dafür finden, daß Menschen in Schwierigkeiten kamen, weil sie beschlossen, etwas ohne die Führung des Heiligen Geistes zu unternehmen?

13

Beispiele für unglaubliches Vertrauen in Gottes Führung

Hier sind gute Beispiele dafür, wie lächerlich es ist, wenn Menschen behaupten, daß wir nicht viel Zeit damit verbringen sollen, Gottes Führung durch den Heiligen Geist herauszufinden, und daß wir statt dessen immer unserem eigenen gottgegebenen menschlichen Verstand folgen sollten.

In Josua 6, 3–5 sehen wir, daß Gott Josua und seiner Armee Dinge zu tun befahl, die dem menschlichen Verstand allein lächerlich erscheinen würden:

»Zieh mit allen kriegstüchtigen Männern täglich einmal um die Stadt, sechs Tage lang. Sieben Priester mit Signalhörnern sollen vor der Bundeslade hergehen. Am siebten Tag aber zieht siebenmal um die Stadt, und die Priester sollen dabei die Hörner blasen. Sobald die Männer die Hörner hören, stimmen alle ein lautes Kriegsgeschrei an. Dann wird die Mauer einstürzen, und jeder kann von der Stelle aus, wo er gerade steht, in die Stadt eindringen« (G. N.).

Wenn wir das lesen, können wir uns vorstellen, was der natürliche, nicht von Gott kontrollierte Verstand der Soldaten auf den Mauern Jerichos dachte. Sie werden wahrscheinlich gelacht und zu sich gesagt haben: »Keine Armee kann mit solch einer Taktik eine Stadt mit hohen Mauern erobern. Diese Israeliten sind töricht. Wo sind ihre Leitern oder Sturmgeschütze? Diese Menschen werden uns auf diese Weise nie besiegen.«

Einige israelitische Soldaten waren vielleicht **versucht, Gott nicht zu erlauben, ihren Verstand zu leiten.** Dies hätte sie daran zweifeln lassen, daß die Mauern durch ein Wunder einstürzen werden.

Doch diese vielen Israeliten zweifelten nicht. Stattdessen **gehorchten** sie im Glauben dem, was Gott ihnen befohlen hatte. Weil sie nicht **zweifelten**, daß die Mauern einstürzen werden, zerstörte sie Gott. Er antwortete auf den Glauben, den diese israelitischen Soldaten seiner Verheißung in Josua 6, 2–5 entgegenbrachten. Dies wird in Hebräer 11, 30 bewiesen, wo es heißt:

> *»Weil die Israeliten Gott* ***vertrauten,*** *stürzten die Mauern von Jericho ein, nachdem das Volk sieben Tage lang um die Stadt gezogen war« (G. N.).*

Die israelitischen Soldaten achteten nicht auf das, was ihr gesunder Menschenverstand ihnen sagen wollte. Stattdessen waren sie **gewiß**, daß die Mauern einstürzen werden, weil Gott ihnen das versprochen hatte. Die Folge davon war, daß Gottes Geist dieses Wunder vollbrachte, das er tun wollte.

Wären sie alle voll Unglauben gewesen, hätte Gott sich geweigert, die Mauern umstürzen zu lassen. Die Wirkung des Zweifels wird teilweise auch durch Matthäus 17, 19+20 und Jakobus 1, 6–8 gezeigt. In Jakobus 1, 6–8 heißt es:

> *»Er muß Gott aber in* ***festem Vertrauen*** *bitten und darf nicht im geringsten zweifeln. Wer zweifelt, gleicht den Meereswogen, die vom Wind gepeitscht und hin und her getrieben werden. Solch ein Mensch kann nicht erwarten, daß er vom Herrn etwas empfängt; denn wer zweifelt, der ist auch unbeständig in allem, was er unternimmt« (G. N.).*

Kinder werden geboren durch Vertrauen in Gottes Führung und Macht

Ein weiteres Beispiel findet sich in 1. Mose 15, 4 und 17, 1–19. Hier versprach Gott Abraham, daß seine Frau einen Sohn haben werde. Es ist eigentlich nichts besonderes, wenn Gott jemand sagt, daß er oder sie einen Sohn haben wird. Aber wenn wir bedenken, wie Römer 4, 19 uns zeigt, daß Abraham damals fast hundert Jahre alt war und keine Kinder mehr zeugen konnte und daß Sara die fruchtbaren Jahre längst überschritten hatte, dann würde ein menschlicher Verstand, der nicht durch den Heiligen Geist geleitet wird, zu dem Schluß kommen, es sei lächerlich, in solchen Umständen ein Kind zu erhoffen.

Doch Abraham war immer darauf aus, auf Gottes Willen zu hören. Er versuchte deshalb nicht, mit seinem Verstand zu entscheiden, was für ihn möglich war. So erwartete Sara noch mit neunzig Jahren ein Kind (vgl. 1. Mose 17, 17; Römer 4, 16–22).

Auch Maria ist ein Beispiel dafür, wie töricht es ist, unseren gesunden Menschenverstand nicht der Kontrolle und Leitung des Heiligen Geistes unterstellen zu wollen. Gott offenbarte Maria in Lukas 1, 26–38 durch einen Engel, daß sie schwanger werden würde, ohne Geschlechtsverkehr mit einem Mann gehabt zu haben.

Wenn Maria versucht hätte, dies mit ihrem menschlichen Verstand allein zu ergründen, hätte sie gedacht: »Dies ist lächerlich und unvernünftig. Keine Frau hat in der Geschichte je ein Kind bekommen, ohne sexuellen Kontakt mit einem Mann gehabt zu haben.« Marias **Vernunft und gesunder Menschenverstand** hätte das nicht angenommen, was der Engel Gottes zu ihr sagte. Alle Erfahrungen ihrer fünf Sinne und alle Folgerungen ihres Verstandes ließen den Willen Gottes für ihr Leben unmöglich und absurd erscheinen.

Aber weil Maria Gott, dem Heiligen Geist, die Kontrolle über ihren gottgegebenen Verstand einräumte, konnte sie das **Unmögliche** glauben. Es war **teilweise** ein Ergebnis ihrer **Abhängigkeit** von Gottes Führung, daß der Sohn Gottes in einen menschlichen Leib einging, um sich der Menschheit zu offenbaren.

Wir sollten demütig sein wie Maria, Abraham, Josua und andere. Durch die Demut lassen wir unseren menschlichen Verstand durch das geleitet werden, was der Geist Jesu uns befiehlt. Durch Stolz aber versuchen wir, unsere eigenen Entscheidungen im Leben zu treffen und den Verstand und die Gefühle nicht täglich der Führung Gottes, des Heiligen Geistes, zu überlassen. Stolze Namenschristen müssen sich ändern!

Fragen zum Bibelstudium

Kapitel 13
Beispiele für unglaubliches Vertrauen in Gottes Führung

1. Wie konnten Josua und seine Soldaten glauben, daß sie die Einwohner Jerichos besiegen konnten, indem sie die scheinbar törichten Dinge taten, die ihnen in Josua 6, 3–5 befohlen wurden?

14

Unter der Kontrolle des Heiligen Geistes

Es ist außerordentlich wichtig, deinen Verstand durch den Geist Gottes kontrollieren zu lassen. Wenn du deine Entscheidungen im Leben allein auf der Grundlage der logischen Folgerungen deines menschlichen Verstandes oder der emotionalen Gefühle über verschiedene Dinge triffst, wandelst du nach dem Fleisch, wirst also in anderen Worten vom Fleisch kontrolliert (vgl. Römer 8, 5+6; Galater 5, 16).

Den biblischen Ausdruck »Fleisch« kann man definieren als »menschlichen **Verstand, Vernunft, Gefühle und Willen, die nicht unter der Kontrolle des Geistes Gottes stehen.**«

Es ist lächerlich zu behaupten, daß du nicht vom Fleisch kontrolliert wirst, wenn du nicht unter der Kontrolle des Heiligen Geistes stehst.

Eine vom Geist Gottes kontrollierte Person, wie sie in Römer 8, 5+6 und Galater 5, 16–25 erwähnt wird, erlaubt, daß ihr Verstand, ihre Gefühle und ihr Körper kontrolliert werden

a) durch die Lehren der Bibel,
b) durch das innere Zeugnis des Heiligen Geistes in ihrem Geist,
c) durch die innere Stimme des Heiligen Geistes in ihren Gedanken und
d) in seltenen Fällen durch Träume usw., die von Gottes Geist stammen.

Wenn du nicht von diesen Dingen kontrolliert wirst, **ist es unmöglich, ein vom Geist Gottes kontrollierter Christ zu sein.** Galater 5, 16 zeigt, daß nur solche Christen nicht nach dem Fleisch leben, die empfänglich für die Leitung des Heiligen Geistes sind:

»Wandelt im Geist — also empfänglich für die Leitung und Kontrolle des Geistes —, ***so*** *werdet ihr die Lüste des Fleisches nicht vollbringen« (L.).*

Römer 8, 6 bringt es auf ähnliche Weise zum Ausdruck und offenbart, daß der menschliche Verstand, der nicht durch die Führung und Kraft des Heiligen Geistes kontrolliert wird, nach Gottes Maßstab nichts geistlich Gutes erreichen kann. Dieser Vers lautet:

»Aber ***fleischlich gesinnt sein*** *— also den Verstand und die Vernunft ohne den Heiligen Geist verwenden — ist der Tod, und geistlich gesinnt sein ist Leben und Friede« (L.).*

Eine fleischliche Gesinnung entzieht sich der Kontrolle des Heiligen Geistes. Deshalb ist ein Mensch, der seine Einstellung oder Handlungsweise nicht **sofort** ändert, wenn der Heilige Geist ihn innerlich dazu drängt, fleischlich gesinnt.

In Galater 5, 19–21 bringt Gott zum Ausdruck, daß das Fleisch nur verkehrte Dinge tun kann. Dabei müssen wir beachten, daß Gottes Maßstab für »gut« **viel höher** ist als der menschliche, z. B. ist Zorn für Gott genauso schlimm wie Mord (vgl. Matthäus 5, 21+22). Auch Römer 7, 23 bringt zum Ausdruck, daß die Vernunft selbst nichts Gutes tun kann. Die aus Römer 8, 6 gezogene Schlußfolgerung wird also von anderen Bibelstellen unterstützt.

Ein menschlicher Verstand, der sich nicht jeden Tag der Führung des Heiligen Geistes und den Lehren der Bibel unterordnet, führt deshalb zum geistlichen Tod, also zur Trennung von Gott, und das nicht erst nach dem Tod, sondern schon hier und jetzt.

Auch Galater 6, 8 bezieht sich darauf:

»Wer auf sein Fleisch sät, der wird von dem Fleisch das Verderben ernten; wer aber auf den Geist sät, der wird von dem Geist das ewige Leben ernten« (L.).

Kirchenbesucher, die ihren Verstand nicht von der Leitung, Liebe und Kraft Gottes, des Heiligen Geistes, kontrolliert werden lassen, ernten ganz sicher **Verderben, Zerstörung und Vernichtung** in ihrem geistlichen Leben.

Ungöttliche religiöse Geschäftigkeit

Die ganze religiöse Aktivität in vielen Kirchen und Gemeinden ist nur **das Fleisch, das viele Dinge angeblich für Jesus tut.** Oft werden evangelistische Tätigkeit, Gebetsversammlungen, Bauprojekte, schulische Aktivitäten usw. nicht durch den Geist Jesu, sondern durch den fleischlichen Verstand bestimmt. Deshalb wird oft trotz großer Bemühungen so wenig erreicht. In Galater 6, 8 wird vorausgesagt, daß dies geschehen würde.

Weil der Gehorsam gegenüber dem Heiligen Geist so wenig betont wird – und Gehorsam ist ein Teilgebiet der Kontrolle durch den Heiligen Geist –, gibt es so viele Christen, die ihre Vernunft und ihren Verstand nicht dem Heiligen Geist unterordnen. Sie bestimmen selbst, wen sie heiraten, wo sie leben, wie sie ihre Gemeinde leiten, was sie ihren Gemeindemitgliedern lehren, wer für die Musik verantwortlich ist usw. Stattdessen sollten sie »auf den Geist säen« (Galater 6, 8, L.), indem sie dem Heiligen Geist erlauben, ihnen zu zeigen, was sie tun sollen. Dann würden sie nämlich erleben, wie Gott in ihr Leben und in die lokalen Gemeinden geistliches Leben hineinfließen lassen würde.

Oft ist die religiöse Aktivität in der Gemeinde nur ein großes »**auf das Fleisch säen**«, das Verderben, Zerstörung und Vernichtung für diese Gemeinden und für die Einzelpersonen mit sich bringt, die darin beharren.

Gott sagte in Galater 6, 8, daß dies geschehen werde. Denke über diesen Vers nach!

Das Beispiel der Urgemeinde

Gott möchte, daß sich die Gemeinde wieder in den Zustand **verwandelt** wie er im Buch der Apostelgeschichte geschildert wird. Es gab auch damals schon ein Säen auf das Fleisch, aber es gab zur Zeit der Apostelgeschichte auch viel mehr Säen auf den Geist, als dies in vielen Ortsgemeinden heute geschieht. Gottes Kraft offenbarte sich damals nicht nur im Leben der Leiter der Gemeinde, sondern auch in den Tausenden gewöhnlicher Gottesdienstbesucher.

Dies war zum Teil deshalb möglich, weil mehr Menschen in der Gemeinde in jenen Jahren **Tag für Tag** den Willen Gottes zu erkennen suchten und den Anweisungen des Heiligen Geistes **gehorchten**.

Offenbarung Kapitel 2 und 3 zeigen ebenfalls, daß es in jenen Tagen ein Säen auf das Fleisch gab. Auch gewisse Bemerkungen, die Paulus in seinen Briefen an die Christen in Galatien, Korinth, Kolossä, Philippi, Rom usw. machte, zeigen diese Tatsache. Dabei müssen wir jedoch beachten, daß die große Ausbreitung der Gemeinde und die vielen göttlichen Wunder, die damals geschahen, deutlich zeigen, daß es damals **mehr** Säen auf den Geist gab.

Manche Kirchenbesucher sind zu apathisch oder faul, um zu wissen, wenn der Heilige Geist zu ihnen reden möchte. Dies muß sich ändern.

Andere Namenschristen sind **so stolz, selbständig** und **unabhängig** von Gott, daß sie die Stimme Gottes, des Vaters, und Gottes, des Sohnes, der zu ihnen in der Person des Heiligen Geistes redet, gar nicht erkennen wollen. Sie möchten nicht auf Gottes Stimme hören, weil sie ihr eigener Herr sein wollen, obwohl sie zum Gottesdienst gehen und Jesus »Mein Herr« nennen.

Erwarte Kritik

Viele Pastoren und Prediger, die den Gedanken verkündigen, daß der Heilige Geist die Kontrolle über unsere Entschlüsse bekommen muß — was dasselbe bedeutet, wie Jesus Christus zum persönlichen Herrn zu machen —, werden durch die Glieder ihrer eigenen örtlichen Gemeinden oder ihrer Denomination verfolgt werden, die nur gewohnt sind, auf das Fleisch zu säen. Sie müssen dies erwarten, wenn sie das predigen, was Gott von ihnen haben möchte. Sie sollten sich dadurch nicht beunruhigen lassen. Jesus selbst sagte in Matthäus 5, 10+11, daß du gesegnet bist, wenn Menschen dich verfolgen. Das schließt auch Kirchenbesucher ein, die auf das Fleisch säen und nicht durch den Heiligen Geist geleitet werden.

Paulus sagt sogar, daß alle die in der Verbindung mit Jesus Christus ein Leben führen wollen, das Gott gefällt, Verfolgung erleiden müssen (vgl. 2. Timotheus 3, 12). Verfolgung schließt auch schlimme Kritik und Lügen mit ein (vgl. Matthäus 5, 10).

Wenn du ein Gemeindeleiter bist und nicht kritisiert wirst, könnte es sein, daß du nicht besser bist als die falschen Propheten, die Jesus in Lukas 6, 26 erwähnt. Dann solltest du dein geistliches Leben überprüfen, denn wenn fleischliche Christen und Ungläubige gut von dir reden, wirst du unter Umständen nicht sehr von Gott kontrolliert, wenn dies überhaupt der Fall ist.

Befehle Gottes

Vergiß die folgenden Befehle Gottes nicht. Durch den Mund des Apostels Paulus brachte er in Galater 5, 25 zum Ausdruck:

> *»Wenn nun Gottes Geist von uns Besitz ergriffen hat, dann wollen wir auch aus diesem Geist — also **unter der Kontrolle** dieses Geistes — unser Leben führen« (G.N.).*

Außerdem befiehlt Gott klar in Römer 8, 5 + 6 und Galater 5, 16–24, daß wir uns durch Gott, den Heiligen Geist, regieren lassen. Dies sind Befehle! Wollen wir ihnen gehorchen?

Unter der Kontrolle des Heiligen Geistes zu stehen, schließt nicht nur ein, daß wir uns von der Kraft, Liebe und Gegenwart Gottes, des Heiligen Geistes, leiten lassen. Es bedeutet auch, daß wir uns durch die Weisheit Gottes lenken lassen, wie sie durch die Bibel und durch die innere Leitung des Heiligen Geistes zum Ausdruck kommt.

Manche Leute behaupten, daß die innere Führung durch den Geist Jesu nicht so wichtig sei. Sie wollen dies damit beweisen, daß in der Apostelgeschichte Gott Paulus nur etwa achtmal, Petrus etwa dreimal und Philippus und Stephanus nur einmal eine innere Leitung gab (vgl. Fußnote). Daraus schließen sie, daß Gott nur bei seltenen Gelegenheiten innere Führung gibt. Sie sind der Meinung, Gottes Wille sei, daß wir stattdessen unsere Vernunft und unseren Verstand benützen.

Diese Behauptung ist jedoch nicht richtig, denn in Wirklichkeit ist das Buch der Apostelgeschichte nur eine **Zusammenfassung** der wichtigsten Ereignisse im Leben jedes dieser Menschen. Sicher gab es Hunderte andere, nicht berichtete Fälle, in denen der Heilige Geist ihnen innere Leitung gab. Die Tatsache, daß es sich bei der Apostelgeschichte um eine Zusammenfassung handelt, kann auch aus der Bemerkung entnommen werden, die der Apostel Johannes in Johannes 21, 25 über sein eigenes Evangelium macht.

Aber auch diese anderen Fälle innerer Führung würden **nie** etwas zum Ausdruck gebracht haben, das nicht mit der Bibel übereinstimmt.

Ungehorsam gegenüber der inneren Führung

Ungehorsam gegenüber der inneren Stimme oder dem inneren Zeugnis Gottes, des Heiligen Geistes, wird immer Probleme verursachen. Als ich z. B. an einer Technischen Schule unterrichtete, übernahm ich mehr als die normale Zahl von Stunden, weil meine Familie mich dazu ermutigte, möglichst viel Geld zu verdienen. Ich erteilte diese zusätzlichen Stunden ohne innere Leitung von Gott. Ich hatte kein Zeugnis des Friedens oder Freude vom Heiligen Geist, dies zu tun.

Als Ergebnis dieses Ungehorsams war ich so beschäftigt, daß ich nicht genug Schlaf bekam. Ich wurde gereizt und nervös, weil ich von einer Klasse zur anderen rannte. Außerdem hatte ich körperliche Symptome wie Magenbeschwerden und schnellen Herzschlag.

Vor einigen Jahren war ich ebenfalls dem Heiligen Geist ungehorsam, als Gott durch die innere Stimme zu mir sprach und mich beauftragte einen christlichen Freund zu warnen, sich nicht mit einem Mädchen einzulassen, das sich gerade bekehrt hatte. Sie wollte seine Freundin werden mit dem Ziel, sich später mit ihm zu verloben.

Sooft ich über diese Sache betete, hatte ich das innere Zeugnis des Friedens in mir, daß ich ihn warnen sollte. Dieser Freund war geistlich verhältnismäßig stark, aber fühlte sich damals ein wenig einsam.

Fußnote: Vergleiche die Schriftstellen, die sich beziehen auf Paulus (Apostelgeschichte 9, 1-6; 13, 2; 13, 4; 16, 6; 16, 7; 19, 21; 20, 22; 27, 10), Petrus (Apostelgeschichte 4, 8; 5, 3; 10, 19), Philippus (Apostelgeschichte 8, 29) und Stephanus (Apostelgeschichte 6, 10). In diesen Bibelstellen habe ich die wenigen Fälle von Träumen, Visionen und Engelerscheinungen, die sich im Leben dieser vier Männer ereigneten und **als Zusammenfassung** in der Apostelgeschichte berichtet werden, nicht eingeschlossen.

Ich gehorchte der inneren Stimme und dem inneren Zeugnis des Heiligen Geistes nicht, weil ich mich durch meine menschlichen Überlegungen und Gefühle beherrschen ließ. Ich sagte mir, daß er es sicher nicht gern haben würde, wenn ich ihm diese Warnung weitergab. Auch redete ich mir ein, das ginge mich ja gar nichts an. Außerdem hatte ich keinen Frieden in meinen Gefühlen, weil ich Schwierigkeiten befürchtete, wenn ich ihm dies sagte. Dies konnte leicht mit einem inneren Zeugnis des Geistes verwechselt werden.

So war ich der inneren Stimme und dem inneren Zeugnis ungehorsam. Dieser Freund ging mit dem Mädchen. Durch ihren Einfluß verlor er an geistlicher Stärke. Nach vielen Monaten fiel sie zurück und verursachte meinem Freund großes Herzeleid.

Wäre ich gehorsam gewesen, hätte ich ihm vielleicht viele Schwierigkeiten erspart. Weil wir Freunde waren, hätte er vielleicht ernsthafter Gottes Willen herauszufinden gesucht, wenn ich ihm berichtet hätte, was der Herr zu mir gesagt hatte.

Ich mußte diesen schrecklichen Ungehorsam bekennen. Ich schulde meinem Freund viel, weil mein Ungehorsam ihm große Schwierigkeiten machte. Möge er mir in Liebe vergeben.

Es ist besser, der inneren Führung des Heiligen Geistes zu gehorchen, ganz gleich was unsere menschlichen Gedanken und Gefühle uns sagen oder welcher Meinung andere Menschen sind.

Mangel an Lehre über innere Führung

Obwohl ~~den~~ die meisten Christen **Gehorsam gegenüber den Lehren der Bibel** gelehrt wird, sind viele dennoch nicht von der Notwendigkeit überzeugt, Tag für Tag **der inneren Leitung des Heiligen Geistes zu gehorchen.** Dadurch wird die Gemeinde daran gehindert, so zu werden, wie Gott sie haben möchte. Ich habe dieses große Problem unter vielen evangelikalen und charismatischen Gruppen beobachtet.

Viele evangelikale und pfingstliche Christen haben nicht die Notwendigkeit erkannt, jeden Augenblick der inneren Führung des Heiligen Geistes zu gehorchen. Deshalb müssen sie mit ihrem eigenen Verstand entscheiden, wo sie leben und arbeiten oder wen sie heiraten wollen, denn die Bibel sagt ihnen ja nicht, daß sie eine Person namens Fritz heiraten sollen oder daß Peter dazu berufen ist, in Peking zu leben.

Die Bibel gibt nur allgemeine Grundsätze über diese spezifischen Fragen. Sie sagt uns z. B., daß wir keine Arbeit verrichten sollen, bei der wir stehlen oder morden müssen. Aber nur der Heilige Geist kann dir durch die innere Führung sagen, welche der Hunderte von Arbeiten, bei denen du nicht stehlen oder morden mußt, Gottes persönlicher Wille für dich ist.

Weil so viele Gläubige wenig über die innere Führung des Heiligen Geistes wissen, gibt es so viel **Ungehorsam gegenüber Gottes Willen,** sogar unter Tausenden von wiedergeborenen Christen. Jesus ist in vielen örtlichen Gemeinden nicht **das Haupt** des **Leibes**, weil viele wiedergeborene Christen nicht wissen, **wie** sie die innere Leitung Gottes, des Heiligen Geistes, erkennen können.

Viele der Hände, Zehen, Beine usw. des Leibes Jesu tun das, was sie selbst wollen, und nicht das, was das **Haupt** — also der Geist Jesu (vgl. Epheser 4, 16) — ihnen zu tun befiehlt. Dies macht die Gemeinden geistlich schwach.

Fragen zum Bibelstudium

Kapitel 14
Unter der Kontrolle des Heiligen Geistes

1. Was lehren Römer 8, 5+6 und Galater 5, 16–25 über den Unterschied zwischen der Führung durch den Geist und durch das Fleisch?
2. Kann ein wiedergeborener Christ eifrig in der Gemeindearbeit mithelfen und doch nicht durch den Heiligen Geist geleitet sein?

Fußnote: Auch im Alten Testament ist zu beobachten, daß eine Reihe von Menschen durch Gott geführt wurde. Diese Personen waren keine neue Schöpfung in Christus, weil sie noch nicht durch den Heiligen Geist wiedergeboren waren.

Im Zeitalter des Neuen Testamentes hatten Millionen von Menschen das Vorrecht, durch den Geist Christi wiedergeboren zu werden. Deshalb könnten wir sagen, daß wiedergeborene Christen eine **größere Verantwortung** haben, sich vom Heiligen Geist führen zu lassen, als die Menschen im Alten Testament.

15
Tägliche Übung, den Willen Gottes zu suchen

Für viele entsteht ein Problem, wenn sie ein Leben des liebevollen Gehorsams gegenüber der Leitung des Geistes Jesu führen wollen. Muß man da nicht eine lange Zeit über **jede Entscheidung** beten, die man täglich machen muß?

Dieses Problem soll im folgenden beantwortet werden.

Entscheidungen von großer oder mittlerer Wichtigkeit

Bei Dingen **großer** oder **mittlerer Wichtigkeit,** z. B. in welchem Haus du leben, in welche Stadt du ziehen, welche Arbeit du annehmen, wo du deine Ferien verbringen, über was du nächste Woche predigen, welches Wunder du nach Gottes Willen im Glauben erbitten sollst (vgl. Römer 8, 26; Epheser 6, 18), ob deine Tochter diesen Mann heiraten, ob du einen neuen Kühlschrank kaufen oder den alten weiter benützen sollst usw., mußt du Zeit allein — wenn du einen ruhigen Platz in deiner Wohnung finden kannst — im Gebet verbringen, um die Leitung Gottes, des Heiligen Geistes, zu erbitten.

Wenn du das nicht tust, versuchst du nicht, ein vom **Heiligen Geist regierter Christ** zu sein (vgl. Galater 5, 16; Römer 8, 5–8). Stattdessen gleichst du den Menschen in Josua 9, 14, die in große Schwierigkeiten kamen:

»Die Israeliten aßen zum Zeichen der Verbrüderung etwas von dem Proviant, den die Fremden mitgebracht hatten. ***Sie versäumten es jedoch, vorher den Herrn zu fragen****«* *(G. N.).*

Kleinere Entscheidungen

Bei kleineren Entscheidungen, z. B. ob man um 6.30 Uhr oder 8.00 Uhr frühstücken, ob man vier oder sechs Schnitten Brot essen, ob man während oder nach dem Gespräch mit einem Bekannten zur Toilette gehen, ob man vier Packungen Fruchtsaft oder überhaupt keine kaufen, ob man zehn oder dreißig Minuten über ein gewisses Problem mit seiner Frau sprechen, ob man die Kleider heute morgen, heute nachmittag oder morgen waschen, ob man jetzt oder später einkaufen gehen, ob man das Auto mit einem Schlauch oder mit einem Eimer Wasser waschen soll, **braucht man nicht jedesmal eine Stunde im Gebet warten, um Gottes Führung zu erkennen,** was sein Wille für jede dieser Entscheidungen ist.

Als Beweis dafür sei angeführt, daß in der Bibel nie von jemand berichtet wird, der wegen solchen kleinen Dingen eine Stunde im Gebet vor Gott verbrachte.

Es ist verständlich, daß Gott nicht von uns verlangt, dafür im Gebet vor ihm auf eine Antwort zu warten, weil wir jeden Tag Hunderte solcher kleinen Entscheidungen treffen. Wenn wir dabei jedesmal eine Stunde im Gebet auf Gott warten müßten, würden wir jeden Tag mehr als **hundert Stunden** damit verbringen. Da jeder Tag aber nur **vierundzwanzig Stunden** hat, von denen **acht Stunden** für den Schlaf abgehen, wären nur **sechzehn Stunden** jeden Tag für diesen Zweck übrig. Dies ist selbstverständlich nicht Gottes Wille. Wir sollten uns deshalb nicht dadurch binden lassen, daß wir jeden Tag besonders über die Hunderte von kleinen Entscheidungen beten, die wir treffen müssen.

Grundlegende Hinweise für alle Entscheidungen

Gott hat eine viel bessere Möglichkeit, dir zu zeigen, wie du kleinere Entscheidungen im Leben treffen kannst.

Erstens hat er dir in der Bibel grundlegende Richtlinien gegeben, was sein Wille in vielen kleinen Entscheidungen ist, die du jeden Tag treffen mußt. Wenn solch eine kleine Entscheidung deshalb nicht mit den Lehren der Bibel übereinstimmt, solltest du deinen Entschluß von den biblischen Anweisungen abhängig machen. Wenn dich z. B. dein Chef auffordert, bei der Aufstellung einer Statistik über die tatsächlich im Werk geleistete Arbeit zu lügen, darfst du dies natürlich nicht tun..

Du brauchst nicht eine Stunde auf Gott im Gebet zu warten, um herauszufinden, was Gott, der Heilige Geist, dir in dieser Sache als innere Leitung gibt, denn der Heilige Geist würde dich **nie** zu einer Handlung leiten, die im Gegensatz zu den Aussagen der Bibel steht.

Wenn die Bibel zweitens keine klare Antwort gibt, ob die geplante Entscheidung im Willen Gottes ist, z. B. soll ich meine Zähne vor oder nach dem Händewaschen putzen, soll ich fünfzig Kilometer/Stunde oder siebzig Kilometer/Stunde mit meinem Auto fahren, soll ich die Zeitung zehn oder zwanzig Minuten lesen, brauche ich keine Stunde auf Gott zu warten, um seinen Willen über diese Dinge herauszufinden.

Stattdessen sollte man in diesen kleineren Entscheidungen **laufend** während des ganzen Tages kurze Gebete von dreißig Sekunden oder einer Minute sprechen, in denen man etwa folgendes sagt: »Herr, ich werde während dieses ganzen Tages bereit sein, meine Pläne und Handlungen zu ändern, wenn dein Heiliger Geist mir ein inneres Zeugnis des Friedens oder des Unfriedens, eine innere Stimme oder eine andere Art der Führung in dieser Hinsicht gibt. Ich möchte fortwährend in der Haltung sein, auf das Reden deines Heiligen Geistes zu hören. Wenn dein Geist in irgendeiner dieser weniger wichtigen Entscheidungen eine Änderung veranlassen möchte, werde ich gehorchen. Ich stelle dir meinen Verstand, Körper und Geist zur Verfügung, gerade wie es Römer 12, 1 den Christen befiehlt.«

Diese Unterordnung unseres Willens unter die Kontrolle Gottes, des Heiligen Geistes, ist ein Teil der Voraussetzung, täglich ein vom Heiligen Geist erfülltes, heiliges und gehorsames christliches Leben zu führen.

Dies läßt sich auch aus Jesaja 30, 21 erkennen:

»Wenn ihr nach rechts oder links abbiegen wollt, werdet ihr hinter euch eine Stimme hören, die zu euch sagt: ›Dies hier ist der Weg, dem ihr folgen sollt!‹« (G. N.).

Gott hat dir die Fähigkeiten der Vernunft und des Verstandes gegeben, um damit zu entscheiden, wie du dich in unwichtigen Dingen verhalten sollst. Aber wie schon erwähnt, darfst du dem Verstand nicht erlauben, erstens etwas gegen die Lehren der Bibel zu unternehmen oder zweitens nicht auf den Heiligen Geist zu hören, wenn er dir etwas anderes sagt als deine Vernunft.

Du solltest **fortwährend** im Verlauf des Tages **bei verschiedenen Gelegenheiten, z. B.** bei der Arbeit, in der Schule, beim Einkaufen diese **kurzen** Gebete der Hingabe sprechen. Dadurch werden deine körperlichen Gefühle und dein Verstand von der Person, Liebe, Kraft und Weisheit des Geistes Jesu beherrscht.

Gott erwartet nicht, daß du eine halbe Stunde oder mehr jeden Tag die Leitung des Heiligen Geistes darüber suchst, wo und wie du deine Schuhe oder Zähne putzen sollst. Er erwartet jedoch von dir, daß du bereit bist, auf ihn zu hören, wenn er redet. Du mußt das innere Zeugnis des Friedens oder Unfriedens und die innere Stimme des Heiligen Geistes so gut **erkennen lernen**, daß du das Schuheputzen auf später verschiebst, sobald dir Gott die innere Leitung gibt, jetzt stattdessen für deine Mutter zu beten. Es ist also wichtig, daß du die Führung des Heiligen Geistes erkennst und immer bereit bist, dich auch in diesen kleineren Entscheidungen durch Gottes Führung anders leiten zu lassen. **Sonst wirst du nie das heilige, vom Geist Gottes beherrschte und Gott völlig ausgelieferte Leben führen, das alle wiedergeborenen Söhne und Töchter Gottes erstreben sollten.**

Wenn du drittens jeden Tag deine besonderen längeren Gebetszeiten hast – ob beim Aufwachen und/oder bevor du zu Bett gehst und/oder zu einer anderen Zeit –, solltest du nicht nur seinen Willen über die wichtigeren Dinge zu erkennen suchen, sondern auch einen Teil dieser Zeit des persönlichen Gebetes dazu verwenden, aufrichtig zu sagen: »Lieber Herr Jesus, wenn da irgend etwas anderes ist, das du heute oder in der kommenden Woche von mir haben möchtest, dann gib mir bitte die Leitung deines Heiligen Geistes, dies zu erkennen, wie du es in Jakobus 1, 5 verheißen hast.« Nachdem du auf diese Weise deinen Willen Gott ausgeliefert hast, solltest du ihm **vertrauen**, daß er dir durch seinen Geist während der restlichen Gebetszeit das zeigt, was er von dir haben möchte.

Diese zusätzliche Hingabe an Gottes Willen gibt seinem Geist die Möglichkeit, dir noch besser zu zeigen, was er in den Zeiten von dir haben möchte, in denen du bei der Arbeit oder in der Schule usw. beschäftigt bist. Zu diesen Zeiten haben wir ja nicht Stunden zur Verfügung, um auf seine Stimme zu hören.

Zusammenfassend kann gesagt werden: Wir sollten jeden Tag Zeiten haben, in denen wir etwa eine Stunde mit Jesus Christus **reden** und auf Jesus Christus **hören**, der durch die Person des Heiligen Geistes zu uns redet. Während des restlichen Tages sollten wir immer bereit sein, daß er zu uns redet, auch wenn wir nicht gerade längere Zeit allein beten. Außerdem sollten wir während der übrigen Zeit öfters kurze Gebete sprechen und Gott sagen, daß wir offen sind für seine Führung während wir arbeiten, essen, mit Menschen reden usw.

Eine Illustration

Man könnte dieses Verhalten folgendermaßen veranschaulichen: In einer Armee finden die Befehlshaber der einzelnen Abteilungen hauptsächlich auf zwei Arten heraus, was der General haben möchte.

a) Erstens gibt es Zeiten, wenn der General eine Stunde oder länger erklärt, welche Taktik in der Schlacht angewendet werden soll. Die Kommandeure haben genügend Zeit, um ihm Fragen zu stellen und seine Pläne zu besprechen. Dies entspricht in unserem christlichen Leben der **täglichen** Gebetszeit von etwa einer Stunde jeden morgen oder/und abend. Wir haben dann viel Zeit, mit Gott zu reden und auf seine Führung zu hören.

b) Während der Schlacht selbst sind die Kommandeure zu sehr damit beschäftigt, den Einsatz ihrer Soldaten zu organisieren und den Feind zu bekämpfen — der in unserem Fall die täglichen Probleme oder die Angriffe der Dämonen versinnbildlicht — um zum General gehen zu können und eine Stunde oder länger mit ihm zu reden.
Bei diesen Gelegenheiten müssen die Kommandeure rasche Entscheidungen treffen. Sie haben keine Zeit, um zum Hauptquartier zu gehen und stundenlang mit dem General zu reden. Sie können aber auch nicht stundenlang über Funk mit dem General reden, um seinen Willen herauszufinden. Stattdessen sollten die Kommandeure **jederzeit** bereit sein, daß der General ihnen über Funk Befehle erteilt.

Auf dieselbe Weise solltest du immer bereit sein, daß Gott durch seinen Geist zu dir reden kann, während du deine Arbeit tust, zur Schule gehst oder sonst etwas unternimmst.

Während des Tages sollten die Kommandeure auch immer wieder das Generalstabsbüro kurz anrufen, um herauszufinden, ob eine wichtige Mitteilung für sie da ist. Auf dieselbe Weise sollte der Christ immer wieder am Tag kurz im Gebet zu Gott kommen und ihm sagen, daß er bereit ist, auf jede Führung des Heiligen Geistes durch ein inneres Zeugnis oder die innere Stimme zu hören.

Christen können noch eine wichtige Sache aus diesem Bereich lernen: Die Kommandeure müssen wissen, wie sie einen Anruf über Funk oder Telefon erkennen können. Sonst würden sie nicht einmal merken, daß der General sie anruft und ihnen seine Befehle übermitteln möchte.

Wenn du die innere Führung Gottes, des Heiligen Geistes, nicht erkennen kannst, könnte es sein, daß Jesus dich auf seinem »geistlichen Telefon des Heiligen Geistes« anruft und dir doch **völlig unbewußt** ist, daß er versucht, mit dir zu reden.

Dies ist eine traurige Sache und wird Schwierigkeiten in dein christliches Leben bringen, genauso wie eine Armee nicht Siege erringen kann, ohne daß die Kommandeure wissen, wenn der General sie anrufen will.

Im Verlauf der Jahre mußt du Gott erlauben, dich im Erkennen seiner Stimme auszubilden und das »Läuten des geistlichen Telefons« **zu hören.** Andernfalls wirst du immer ein schwaches, von Gott kaum kontrolliertes christliches Leben führen.

Fragen zum Bibelstudium

Kapitel 15
Tägliche Übung, den Willen Gottes zu suchen

1. Sollten wir während der vielen kleinen Entscheidungen an jedem Tag immer Gottes Willen suchen? Wenn nicht, was sollten wir tun?
2. Besteht die Möglichkeit, daß Jesus durch seinen Geist zu uns reden möchte, ohne daß wir das bemerken? Welche Dinge können die Ursache dafür sein, daß wir nicht merken, wenn Gott zu uns reden möchte?

16

Entwicklung der Fähigkeit, Gottes Stimme zu erkennen

Hier sind einige wichtige Punkte wie man empfänglicher für die Stimme des Herrn Jesus werden kann, der durch das innere Zeugnis und durch die innere Stimme des Heiligen Geistes zu uns redet. Zuerst muß jedoch betont werden, daß dies **nicht religiöse Formeln oder religiöse Übungen** sind, durch die du Jesus zwingen kannst, zu dir zu reden. Stattdessen solltest du das Verlangen haben, daß er regelmäßig mit dir redet, weil du

a) ihn mehr **lieben** möchtest (vgl. Matthäus 22, 34-38),
b) ihn **persönlicher und besser kennenlernen** möchtest und
c) ihn **mehr als irgend eine andere Person oder Sache** lieben möchtest (vgl. Matthäus 6, 33 und 10, 37).

Es ist gut, Gottes Willen erkennen zu wollen und seine Lösung für deine Probleme zu erhalten. Dies sollte jedoch nicht das Hauptziel sein, warum du seine Stimme kennenlernen möchtest. Das wichtigste Ziel dabei ist, Gott persönlicher zu lieben und zu kennen als zuvor.

Willig zu gehorchen

Die erste wichtige Voraussetzung, das innere Zeugnis und die innere Stimme erkennen zu können, ist **die völlige Bereitwilligkeit, alles zu tun, was Gott dir befiehlt.** Dies ist außerordentlich wichtig, besonders solange dein menschlicher Verstand und die Gefühle sich noch dagegen auflehnen. Nur stolze Menschen sind der Meinung, daß sie ihr Leben besser führen können, als es der Heilige Geist könnte. Doch Gott haßt den Stolz. Jakobus 4, 6; 1. Petrus 5, 5+6 und Psalm 138, 6 beweisen dies.

Ein wichtiger Grund dafür, daß wir Gott oft nicht zu uns reden hören, ist dieser: **Tief im Inneren wollen wir nicht gehorchen.** Wir sagen zwar, daß wir gehorchen wollen, sind jedoch nur bereit, auf eine begrenzte Zahl von Dingen einzugehen, die Gottes Geist sagen könnte. Wir müssen uns mit der Hilfe des Heiligen Geistes auf allen Gebieten **ändern,** in denen wir bisher nicht hundertprozentig bereit waren zu gehorchen.

Manche Christen handeln auf ähnlich törichte Weise. Sie erbitten Leitung von Gott in einer Sache, über die er in der Bibel seinen Willen nicht besonders offenbart hat, obwohl sie sich bereits darüber entschieden haben, was sie tun möchten oder was für eine Antwort sie von Gott erwarten. Solche stolzen Christen wird Gott nicht führen. Eine Person kann z. B. fragen, ob er eine leitende Stellung in der Gemeinde übernehmen soll. Weil er sich jedoch in seinem Inneren bereits dafür entschieden hat, wird Gott ihm keine Antwort darauf geben. So geht er eben seinen eigenen Weg.

Manche Christen müssen viele schwere Lektionen lernen, bevor sie willig werden, Gott ganz zu gehorchen. Hebräer 12, 7–11 beweist dies.

Entscheide dich nicht schon vorher

Menschen, die Gottes Willen im Gebet suchen, aber tief in ihrem Inneren sich schon entschieden haben, was sie tun wollen, suchen einen anderen Rat oft sehr halbherzig. Sie besuchen viele verschiedene Gottesmänner, bis sie schließlich einen finden, der mit dem übereinstimmt, was sie schon längst beschlossen haben. Dann betrügen sie sich dadurch, daß sie behaupten, dieser Ratgeber sei von Gott benützt worden, um ihnen seinen Willen mitzuteilen.

Wenn du wirklich ein **hundertprozentiges Verlangen** hast, den göttlichen Willen zu tun, was immer er dir auch sagen wird, wirst du **ganz bestimmt** erleben, daß der Heilige Geist dir Gottes Willen mitteilt. Dies ist aus Römer 12, 1+2 zu ersehen. Diese Verse bringen zum Ausdruck, daß wenn du dich Gott auslieferst, seinen Willen zu tun, du auch seinen wohlgefälligen und vollkommenen Gotteswillen für dein Leben erkennen kannst:

> *»Ich ermahne euch nun, liebe Brüder, durch die Barmherzigkeit Gottes, daß ihr eure Leiber begebet zum Opfer, das da lebendig, heilig und Gott wohlgefällig sei, welches sei eurer vernünftiger* ***Gottesdienst.*** *Und stellet euch nicht dieser Welt gleich, sondern verändert euch durch Erneuerung eures Sinnes« (L.).*

Dann betrachte das Ergebnis dieser Hingabe:

> *»Dann könnt ihr erkennen,* ***was Gott von euch will.*** *Ihr wißt dann, was gut und vollkommen ist und was Gott gefällt« (G. N.).*

Diese Verse werden durch ein **»dann«** verbunden. Wenn du also den ersten Teil nicht tust, wird Gott dir auch nicht viel von seinem Willen offenbaren, wenn er dies überhaupt tut.

Johannes 7, 17 bezeugt ebenfalls, daß wenn du wirklich Gott mehr als allem anderen gehorchen willst und ihn überhaupt nicht **begrenzt**, wenn er dir etwas gegen deinen Willen befiehlt, er zu dir sprechen wird. In diesem Vers sagt er:

> *»Wer bereit ist, Gott zu gehorchen, wird merken, ob eine Lehre von Gott ist oder ob ich meine eigenen Gedanken vortrage« (G. N.).*

Gott keine Wahl anbieten

Manche Christen kommen in törichter Weise zu Gott und sagen etwa folgendes: »In welcher dieser **beiden** Städte möchtest du, daß ich mich niederlasse, Herr?« Sie vergessen dabei, daß man beim Hören auf Gottes Willen die Einstellung haben muß, in **irgendeiner** der Millionen Städte und Dörfer und in **irgendeinem** der Hunderte von Ländern der Welt zu leben. Wenn wir Gottes Führung erhalten wollen, dürfen wir ihm nicht nur eine **begrenzte** Zahl von Möglichkeiten geben, denen wir gehorchen würden.

Jemand brachte die richtige Haltung auf folgende Weise zum Ausdruck: »Der erste Schritt ist es, meine Gangschaltung in Leerlauf zu bringen — also nicht vorwärts oder rückwärts. Ich muß in meinem Herzen völlig ruhig sein. Dann warte ich auf den Herrn und sage: ›Herr, ich bin hier, ich möchte auf deine Stimme hören. Wenn du ja sagst, werde ich gehen; wenn du nein sagst, werde ich nicht gehen. Ich möchte keine Entscheidungen nach meinen eigenen Wünschen machen, sondern **nach deinem Wunsch** entscheiden‹«.

Erwarte auch nicht, daß dir Gott seinen Willen in einer Sache zeigt, die er schon in der Bibel offenbart hat. Bete zum Beispiel nicht dafür, daß der nette junge Christ, der schon verheiratet ist, seine christliche Frau verläßt, um dich zu heiraten, denn die Heilige Schrift sagt, daß dies Ehebruch und Sünde ist.

Suche nur ein inneres Zeugnis oder eine innere Stimme über Dinge, welche die Bibel nicht genau beantwortet — zum Beispiel, ob Gott möchte, daß du in Frankreich oder Afrika oder sonst in einem Land lebst.

Drücke deine Liebe zu Gott in Worten aus

Wenn du deine Fähigkeit entwickeln willst, Gottes Stimme zu erkennen, mußt du zweitens deine Liebe zu ihm zum Ausdruck bringen. Jeden Tag solltest du oft in

Worten und Gedanken **Gott preisen, ihm danken und ihm sagen, wie sehr du ihn liebst.**

Die Psalmen sind voller Beweise, daß Gott dies von dir möchte. Lies die Psalmen, um zu überprüfen, daß ich recht habe. Glaube nicht einfach, daß ich die Wahrheit sage, sondern prüfe, ob alles auf die Lehren der Heiligen Schrift gegründet ist.

Apostelgeschichte 13, 2 zeigt, daß der Heilige Geist eher reden wird, wenn Christen Gott preisen und anbeten und ihm in ihren Worten und Gedanken zum Ausdruck bringen, wie sehr sie ihn lieben:

»Als sie einmal einige Zeit mit Fasten und Beten zubrachten, ***sagte ihnen der Heilige Geist . . .*** *« (G. N.).*

Dies kannst du zum Beispiel tun, indem du eine entspannte Stellung einnimmst und deinen **Verstand nicht durch irgendwelche Dinge abgelenkt werden läßt.** Dabei versprich Gott, daß du alles tun wirst, was er dir sagt.

Denke immer daran, daß Gott dir nie etwas zu tun geben wird, das sich auf lange Sicht nicht gut für dich erweisen wird, weil er die einzige völlig selbstlose und liebende Person ist, die es gibt. Selbst wenn er einige Probleme in deinem Leben zuläßt, dann ist es doch nur deshalb, weil er möchte, daß du selbstloser und geistlich reifer als zuvor wirst.

Nachdem du Gott diesen Gehorsam versprochen hast, solltest du immer wieder Dinge sagen wie: »Preis dem Herrn«, »ich liebe dich, Herr«, »Ich danke dir, daß du mich leiten wirst«, »Ich danke dir, daß du durch deinen Heiligen Geist die Kontrolle über mein Leben übernimmst«, »Ich danke dir, daß du mich nicht durch meine eigenen menschlichen Gedanken oder Pläne irregeführt werden läßt« und ähnliche Sätze, die auf biblische Prinzipien gegründet sind (vgl. 2. Chronik 20, 21–23; Psalm 135, 136, 138, 145–150 und Jakobus 1, 5–8).

Du solltest jedoch darauf achten, daß du dies nicht

wie Anhänger heidnischer Religionen tust. Jesus warnt die echten Christen in Matthäus 6, 7+8, daß sie nicht dieselben Sätze immer wieder im Gebet herunterplappern sollen, ohne von ganzem Herzen dabeizusein.

Sage stattdessen diese Dinge mit dem Zweck, in deinem Herzen den Ausdruck der Liebe zu Gott zu vertiefen.

Vergiß auch nicht, daß du dir dadurch keine Antwort von Gott **verdienen** kannst. Du kannst ihn dadurch auch nicht **zwingen,** zu dir zu reden. Stattdessen solltest du diese Dinge sagen, um dein persönliches Verhältnis zu ihm zu vertiefen und zu stärken. Je mehr du in inniger Gemeinschaft mit ihm stehst, um so leichter wirst du die Stimme seines Geistes erkennen können.

Verbringe mehr als nur fünf Minuten in der Anbetung. Es ist selten, daß Gottes Geist zu dir redet, wenn du dir nicht genügend Zeit genommen hast, um deinen Verstand und deine Gefühle ruhig genug werden zu lasen, um die innere Stimme Gottes, des Heiligen Geistes, zu hören oder sein inneres Zeugnis in deinem menschlichen Geist zu erkennen.

Manchmal mußt du auf diese Weise stundenlang beten, ehe du Gottes Stimme erkennen kannst, die zu deinem Verstand redet.

Manchmal wird der folgende Punkt übersehen, wenn Christen über Anbetung reden. In Römer 12, 1 heißt es, daß die völlige Hingabe deines Lebens und der Gehorsam gegenüber Gottes Willen **ein Teil des geistlichen Gottesdienstes** ist. Du mußt in deinem Geist also völlig von jeder Neigung loswerden, dem nicht zu gehorchen, was Gott dir befiehlt, während du im Geist Gott anbetest.

Bitte Gott, dich zu lehren

Der dritte wichtige Punkt, wie du lernen kannst, empfänglich für das innere Zeugnis und die innere Stimme des Heiligen Geistes zu werden, ist **Tag für Tag Gott**

zu bitten, dich zu lehren, was innere Führung wirklich ist. Johannes 14, 26 zeigt, daß der Heilige Geist dich alles lehren wird. Gott ist deshalb auch willig, dich zu lehren, was innere Führung ist.

Du wirst das innere Zeugnis und die innere Stimme des Geistes nicht verstehen, wenn du sie mit deinem eigenen menschlichen Verstand ohne die Offenbarung des Geistes Gottes begreifen willst. 1. Korinther 2, 14 zeigt dies. Dieser Vers bringt auf indirekte Weise zum Ausdruck, daß der natürliche Verstand die Dinge Gottes nicht verstehen kann.

Harre oft auf Gott im Gebet

Der vierte Schlüssel, der dich empfänglich für die innere Führung des Geistes Jesu werden läßt, ist **viel Zeit,** in der du auf Gott im Gebet wartest (vgl. Psalm 25, 5). Die Menschen, die am besten seinen Willen erkennen und am empfänglichsten für die innere Stimme des Heiligen Geistes sind, **verbringen viel Zeit im Gebet.**

Wie schon vorher in diesem Kapitel zum Ausdruck gebracht, kannst du Gott durch die Länge der Zeit, die du im Gebet verbringst, nicht zwingen, zu dir zu reden, oder eine Antwort von ihm verdienen. Viel Gebet hilft jedoch, deine Gemeinschaft mit Gott zu stärken. Als Ergebnis wirst du deutlicher erkennen können, wenn er zu dir redet.

Wesley ließ sich vom Geist Christi leiten. Er verbrachte **mindestens eine Stunde jeden Morgen und jeden Abend** im Gebet. Auch Finney wurde in großartiger Weise durch den Geist Gottes geleitet. Er betete morgens oft **vier Stunden**, wobei er mit seinem himmlischen Vater redete und auf ihn hörte. Whitefield war sehr empfänglich für den Geist Gottes und verbrachte ebenfalls jeden Tag Stunden im Gebet. Goforth, der Anfang des 19. Jahrhunderts eine große geistliche Erneuerung in China durch die Kraft Gottes erlebte, verwendete jeden Tag ebenfalls Stunden für das Gebet und erlebte die deutliche innere Führung des Heiligen Geistes.

Diese Männer versuchten, dem biblischen Befehl zu gehorchen, ohne Unterlaß zu beten (vgl. 1.Thessalonicher 5, 17) und durch den Heiligen Geist geführt zu werden (vgl. Römer 8, 14; Galater 5, 25). Dadurch erreichten sie erstaunliche geistliche Ergebnisse für die Gemeinde Jesu Christi.

In deinem christlichen Leben wird immer etwas fehlen, wenn du nicht durch den Heiligen Geist und sein inneres Zeugnis des Friedens und der Freude und durch seine Stimme in deinen Gedanken geleitet wirst.

Noch einmal sei es betont, daß diese Arten der Führung dich **nie** zu einer Handlung veranlassen, die den Lehren der Bibel widerspricht. Das Wort Gottes hat **eine größere Autorität** als diese zweitrangigen Arten der Führung.

Zweifle nicht

Jakobus 1, 5 enthält eine erstaunliche Verheißung, die offenbart, daß Gott uns alle führen und zu uns reden möchte. Dort heißt es:

> *»Wenn aber einer von euch nicht weiß, was er in einem bestimmten Fall tun muß, soll er Gott um Weisheit bitten.* ***Gott wird sie ihm geben****, denn er gibt gern und teilt* ***allen*** *großzügig aus« (G. N.).*

Wenn du jedoch Gott um Führung bittest und diese nicht sofort empfängst, beginne nicht zu zweifeln, daß Gott dich dennoch führen wird. Wenn du zweifelst, wird dies Gott, den Vater, davon abhalten, dir seinen Willen durch den Heiligen Geist zu offenbaren. Jakobus 1, 6–8 sind Verse, die diese Tatsache beweisen, denn sie beziehen sich auf die Verheißung in Jakobus 1, 5. Sie lauten:

> *»Er muß Gott aber im festen Vertrauen bitten und darf* ***nicht im geringsten zweifeln.*** *Wer zweifelt, gleicht den Meereswogen, die vom Wind gepeitscht und*

hin und her getrieben werden. Solch ein Mensch kann nicht erwarten, daß er vom Herrn etwas empfängt; denn wer zweifelt, der ist auch **unbeständig** *in allem, was er unternimmt« (G. N.).*

Ich kenne Christen, die etwa eine Stunde Gottes Willen suchten. Als sie nicht sofort diese Führung empfingen, zweifelten sie daran, daß Gott sie überhaupt leiten würde. Und sie empfingen tatsächlich keine Führung mehr von ihm.

Klage Gott nicht an, er habe dich angelogen, als er versprach, dich durch seinen Heiligen Geist zu führen, indem du zuerst glaubst, daß er dir seinen Willen offenbart, aber eine Stunde oder einen Tag später daran zweifelst, daß er es tun wird.

Matthäus 13, 58 zeigt, daß Gott beschlossen hat, in vielen Fällen die Wunder wirkenden Offenbarungen der Kraft seines Heiligen Geistes davon abhängig zu machen, ob ein Mensch **die Verheißungen in der Bibel oder im Wort des Herrn,** das unmittelbar durch den Heiligen Geist zu dieser Person gesprochen wird, im Glauben erwartet. Dieser Vers lautet:

»Weil sie ihm das Vertrauen verweigerten, tat er dort nur wenige Wunder« (G. N.).

Dieser Vers bringt nicht zum Ausdruck, daß Jesus beschloß, dort nicht viele Zeichen zu tun, weil er sie nicht tun wollte. Er zeigt aber, daß Gott **nach seinem eigenen, allmächtigen Willen** von den Einwohnern Nazareths Glauben erwartete gegenüber **den Worten des Herrn**, die durch Jesus an diesem Tag gesprochen wurden, bevor er Wunder tun würde.

Vergiß nicht, daß Hebräer 11, 1 zum Ausdruck bringt, daß du dann Glauben hast, wenn du **gewiß** oder **sicher** bist, daß sich das erfüllen wird, was Gott in der Bibel oder durch die innere Führung seines Geistes verspricht. Wenn du also zweifelst, bist du **unsicher**, daß Gott das tut, was er verheißen hat.

Wer sind wir, daß wir Gott Vorwürfe machen können, wenn er seine Kraft in vielen – aber nicht allen – Fällen darauf begrenzt hat, daß Menschen ihre Gabe des Glaubens, die ihnen von ihm gegeben wurde, im **vollkommenen Vertrauen** benützen, daß dieses **Wort** oder diese **Verheißung**, die ihnen persönlich gegeben wurde, auch Wirklichkeit werden wird?

Kein Mensch kann Gottes Kraft begrenzen. Nur Gott selbst konnte beschließen, seine Kraft in manchen Fällen vom Glauben – einer Haltung der **Gewißheit** – eines Menschen abhängig zu machen.

Wenn es dir schwer fällt zu glauben, daß Gott in manchen Fällen tatsächlich die Offenbarung seiner Kraft und das Vollbringen von Wundern von einer Glaubenshaltung abhängig macht, betrachte noch einmal Matthäus 13, 58. Gott sagt in diesen Versen die Worte: »**Weil** sie ihm das Vertrauen verweigerten«.

Wenn du der Meinung bist, daß dadurch eine Schriftstelle aus dem Zusammenhang gerissen wird, dann ziehe Hebräer Kapitel 11 hinzu. Darin bringt Gott deutlich zum Ausdruck, daß die Wunder zur Zeit des Alten Testamentes durch den Glauben Wirklichkeit wurden. Auch aus Hebräer 11 wird deutlich, daß Gott in seiner Allmacht beschlossen hat, das Vollbringen von Wundern in vielen Fällen davon abhängig zu machen, ob ein Christ glaubt oder nicht.

Glaube ist nach Galater 5, 22, Epheser 2, 8 und Römer 12, 3 ein Geschenk Gottes. Dieses Geschenk muß jedoch durch den Christen angewendet werden, sonst bleibt es nutzlos.

Wenn eine Person bei ihrer Bekehrung Gottes Wort über Jesus Christus hört und empfängt, schenkt ihm der Heilige Geist Glaube. Dies ist aus Römer 10, 17 zu entnehmen. Dieses bei der Wiedergeburt durch den Heiligen Geist empfangene Geschenk des Glaubens ist dem freien Willen des Menschen unterordnet, der entscheiden kann, ob er von diesem Geschenk des Glaubens Gebrauch machen möchte.

Das Geschenk des Glaubens verläßt eine Person nie, weil der Heilige Geist einen Christen nicht verläßt, wenn er sich nicht völlig von Gott abwendet. Da nach Galater 5, 22 der Glaube eine Frucht des Heiligen Geistes ist, ist auch dieses Geschenk des Glaubens immer in den Personen, die den Heiligen Geist in sich haben.

Wenn ein Christ dieses Geschenk des Glaubens nicht anwendet, kann er Gott dafür nicht die Schuld zuschieben, indem er behauptet, daß Gott ihm keinen stärkeren Glauben gegeben habe. Da Gott den Christen bei der Wiedergeburt das Geschenk des Glaubens und den freien Willen zu dessen Anwendung gegeben hat, ist der Christ **selbst verantwortlich** vor Gott, wenn er diese gottgegebene Fähigkeit nicht benützt. Hebräer 11, 6 bestätigt dies. Dort heißt es:

»Aber ohne Glauben ist's unmöglich, Gott zu gefallen« (L.).

Jakobus 2, 17–26 zeigt, daß dieser Glaube durch den Christen in die Tat umgesetzt werden muß, sonst ist dieses gottgegebene Geschenk des Glaubens tot und nutzlos.

Der Glaube kann nicht durch unsere eigenen menschlichen Anstrengungen vergrößert werden (vgl. Epheser 2, 8). Weil der Glaube jedoch durch das Wirken des Heiligen Geistes und des Wortes Gottes entsteht, sind wir dafür verantwortlich, wenn wir dieses Geschenk des Glaubens nicht benützen.

Sünde bekennen und lassen

Der sechste Schlüssel, um empfänglicher für die Stimme des Geistes Gottes zu werden, ist zu **lernen, (a) ständig den Lehren der Bibel, dem inneren Zeugnis und der inneren Stimme des Heiligen Geistes zu gehorchen und (b) täglich jede Sünde zu bekennen und zu lassen.**

Wenn du der Bibel oder der Führung des Heiligen Geistes in deinem Geist oder seiner inneren Stimme in deinen Gedanken zu oft ungehorsam bist, wird folgendes geschehen: Es wird schwieriger für dich herauszufinden, ob Empfindungen von Freude und Frieden in dir vom Heiligen Geist oder von deinen eigenen menschlichen Gefühlen stammen oder ob Stimmen in deinen Gedanken von Gott oder von Satan kommen. Du wirst auch merken, daß Gott nicht mehr bereit ist, dich so klar durch seinen Geist zu führen wie eine Person, die dem Heiligen Geist mehr gehorcht.

Mose, Josua, David, Paulus, Petrus, Whitefield, Torrey, Studd, Moody, Finney und weitere Gottesmänner wurden mehr als andere Menschen durch den Heiligen Geist geführt, **weil sie williger waren, zu gehorchen und sich durch den Heiligen Geist leiten zu lassen** (vgl. Galater 5, 18; 5, 25 und Römer 8, 14).

Wenn du ungehorsam bist, solltest du Gott deine Sünde sofort bekennen und ihn um Vergebung bitten. Du solltest 1. Johannes 1, 9 befolgen:

»So wir aber unsere Sünden bekennen, so ist er treu und gerecht, daß er uns die Sünden vergibt und reinigt uns von aller Untugend« (L.).

Dadurch kannst du alle Blockierungen der Verbindung zu Gott entfernen, die durch die Sünde verursacht werden können.

Beten im Geist

Der siebte Schlüssel, durch die eine Person empfänglicher für das innere Zeugnis und die innere Stimme des Heiligen Geistes werden kann, ist die Gewohnheit, oft **im Geist** zu beten. Gott sprach durch die Worte des Apostels Paulus in Epheser 6, 18 davon:

»Und betet stets in allem Anliegen mit Bitten und Flehen im Geist ...« (L.).

Dies ist ein Befehl Gottes. Willst du ihm gehorchen? Auch Judas 20 redet vom Gebet im Heiligen Geist:

»Ihr aber, Freunde, müßt an dem hochheiligen Glauben festhalten, den ihr angenommen habt, und euch fest

darauf gründen. Betet in der Kraft des Heiligen Geistes!« (G. N.).

Wenn ich eine Stunde oder mehr im Heiligen Geist betete, konnte ich Gottes Stimme viel leichter erkennen. An manchen Tagen betete ich allein fünf oder sechs Stunden lang im Geist. Normalerweise wirst du umso empfänglicher für Gottes Stimme, je länger du an einem bestimmten Tag im Geist betest.

Beten im Geist bedeutet, daß du dem Heiligen Geist erlaubst, deine Worte beim Beten zu inspirieren. Vertraue dem Herrn, daß er dir die Fähigkeit gibt, im Geist zu beten.

Wenn du das Gebet im Geist noch nie persönlich erlebt hast, solltest du dich dadurch nicht abhalten lassen, den Befehl der ebengenannten Schriftstelle anzunehmen. Leider lehnen dies manche Gottesmänner ab, weil ihre religiöse **Erfahrung** ihnen zu sagen scheint, daß das Gebet im Geist heute nicht mehr vorkommt. Ihre Lehren sind also **erfahrungsorientiert** und nicht bibelorientiert.

Laß dich nicht von Fehlern entmutigen

Als achter und letzter Punkt, wie du empfänglicher für die innere Führung Gottes werden kannst, sei die Tatsache erwähnt, daß du **zuerst vermutlich einige Fehler machen wirst,** wenn du dich auf diese Weise von Gott führen lassen willst. Du wirst wahrscheinlich manchmal deine eigenen menschlichen Gefühle der Freude und des Friedens mit dem inneren Zeugnis der Freude und des Friedens vom Heiligen Geist verwechseln. Du wirst vielleicht auch deine eigenen menschlichen Gedanken für die innere Stimme seines Heiligen Geistes halten.

Als ich die Stimme des Heiligen Geistes erkennen lernte, machte ich in den ersten fünf Jahren viele Fehler. Ich dachte, Gott führe mich, mit einem anderen Christen zusammen Fürbittegebet einzulegen. Ich nahm auch fälschlicherweise an, daß Gottes Geist mich leite, einem amerikanischen Bibellehrer zu schreiben und ihn zu bitten, Gottes Führung für mich herauszufinden. Dieser schrieb mir zurück und schlug vor, daß ich die Führung von Gott selbst suche.

Ich war fälschlicherweise der Ansicht, Gott leite mich durch einen inneren Frieden, daß ein arabischer Freund mir die arabische Sprache beibringe. Ich war auch der Meinung, ich solle bei einer bestimmten Familie wohnen, während ich in Sydney lehrte. Doch auch dies war nicht richtig. Ich könnte dir noch weitere Beispiele geben.

Heute mache ich weit weniger Fehler beim Erkennen der Stimme des Heiligen Geistes. Aber wie alle begrenzten menschlichen Wesen muß ich immer noch meine sogenannte »Führung« prüfen, um weitere Fehler zu vermeiden.

Gib nicht nach einigen Fehlern auf! Wie ein Kind **langsam** lesen und schreiben **lernen** muß und dabei Fehler machen wird, so wirst du wahrscheinlich auch in dieser Sache Fehler machen. Gott wird mit dir zufrieden sein, wenn du **wenigstens versuchst,** ständig zu lernen, wie du mit ihm in engere Verbindung kommen kannst.

Jesus wird nur traurig über dich sein, wenn

1. du dir keine Mühe machst zu lernen oder wenn
2. du nach einigen Fehlern den Versuch aufgibst, die Freude und den Frieden des Heiligen Geistes oder seine innere Stimme zu erkennen. Wie schon erwähnt, stehen diese Möglichkeiten der Führung durch den Geist an zweiter und dritter Stelle nach der Bibel.

Auch wenn du wahrscheinlich Fehler machen wirst, die Stimme des Heiligen Geistes zu erkennen, solltest du nicht befürchten, dies sei sehr schwer. Mehr als irgend jemand sonst wünscht Gott, in engen Kontakt mit dir zu treten. Deshalb wird er es **nie** zu schwer für dich machen, empfänglich für die Stimme seines Geistes zu werden.

Einige Christen fürchten sich so sehr, beim Erkennen der Stimme des Heiligen Geistes Fehler zu machen, daß sie in diesen Dingen nie heranreifen.

Fragen zum Bibelstudium

Kapitel 16
Die Entwicklung der Fähigkeit, Gottes Stimme zu erkennen

1. Wir können Führung von Gott nicht verdienen und ihn auch nicht zwingen, zu uns zu reden. Wie können wir dennoch empfänglicher dafür werden?
2. Was zeigt Jakobus 1, 5–8 über die Wichtigkeit, innere Gewißheit zu haben, daß Gott uns führen wird?

17
Ratschläge von Gläubigen

Auch der Rat erfahrener Gottesmänner kann dir helfen, Gottes Stimme zu unterscheiden. Indem sie dir z. B. eine unbekannte Schriftstelle mitteilen, können sie dir helfen, Gottes Willen zu erkennen. Sprüche 23, 12 bringt zum Ausdruck:

»Sei bereit, dich korrigieren zu lassen, und spitze die Ohren, wenn du etwas lernen kannst« (G. N.).

Als Gemeindeleiter oder als Laie mußt du demütig genug sein, um manchmal den Rat anderer Gottesmänner anzunehmen. Satan möchte dich in Versuchung bringen, nie einen geistlichen Rat von anderen anzunehmen und dich in eine Haltung führen, die äußerlich als »völlige Abhängigkeit von der Leitung Jesu und des Heiligen Geistes« aussieht, aber in Wirklichkeit nur eine andere Form geistlicher Unreife ist.

Manche Menschen meinen fälschlicherweise, »völlige Abhängigkeit von Jesus« bedeute »Jesus und ich, sonst niemand«. Sie vergessen, daß Gott Verantwortliche in die Gemeinde gesetzt hat, die allen Laien und anderen Verantwortlichen der Gemeinde Rat, Lehre und Ermutigung geben sollen. In Epheser 4, 11 + 12 heißt es:

»Und auch die versprochenen Gaben hat er ausgeteilt: Er hat die einen zu Aposteln gemacht, andere zu Propheten, wieder andere zu Evangelisten, zu Vorstehern oder Lehrern der Gemeinde. Deren Aufgabe ist es, das Volk Gottes für seinen Dienst bereitzumachen und den Leib Christi aufzubauen« (G. N.).

Es ist gefährlich für einen Christen, in sogenannter »Demut und Gehorsam gegenüber Gott« sich von allen örtlichen Gemeinden zu trennen und als Christ ein Einzelgänger sein zu wollen. Dadurch wird er leicht eine Zielscheibe für Satan. Dieser kann solch eine Person verleiten, sich als demütig zu betrachten, obwohl sie in Wirklichkeit stolz, selbstsicher und unbelehrbar ist.

Der Verfasser hat leider Menschen kennengelernt, die kühn behaupteten, daß Gott ihnen einen bestimmten Auftrag gegeben habe. Sie waren der Meinung, daß sie einem »So spricht der Herr« gehorchen müßten. In Wirklichkeit verdeckten diese Personen nur ihr eigenes unbiblisches Verlangen und ihren Eigenwillen. Sie stellten sich vor, daß Gott das von ihnen haben wollte, was sie im Ungehorsam von Anfang an tun wollten.

Es ist sehr schwierig, solchen Menschen zu helfen, weil Satan ihnen die Meinung eingegeben hat, sie seien besonders demütig und Gott gegenüber gehorsam.

Dies ist **ein Extrem.** Das **andere Extrem** zeigt sich darin, daß geistlich unreife Personen immer Prediger oder christliche Freunde suchen, die ihnen die göttliche Leitung vermitteln sollen. Solche Leute nehmen gewöhnlich viel Zeit ihrer Gemeindeleiter für sich in Anspruch. Sie wollen Gottes Willen nicht durch stundenlanges Bibelstudium und durch eine innige Gebetsbeziehung mit Gott finden.

Bitte den Herrn, daß er dir offenbart, ob du im Augenblick in einem dieser beiden Irrtümer gefangen bist. Gott möchte nicht, daß du in solchen Extremen bleibst.

Die Gläubigen einschließlich aller Prediger müssen demütig und offen sein, um den Rat und den Dienst anderer Gottesmänner annehmen zu können. Dies bedeutet jedoch nicht, das sie diesen Rat als unfehlbar betrachten sollen.

Vergiß nie, das **alle** Menschen Fehler machen können. Deshalb prüfe immer alle Ratschläge, »Offenbarungen«, »Prophezeiungen« und Lehren, die jemand dir gibt (vgl. 1.Thessalonicher 5, 21). Prüfe sie anhand der beiden Methoden, die in Kapitel 9, »Prüft aber alles« aufgezeigt sind. Wenn du das nicht tust, könntest du durch ihre Fehler irregeleitet werden. Manche Christen sind in große Irrtümer geraten, weil sie den Rat nicht geprüft haben, der ihnen von verschiedenen Personen gegeben wurde.

Sei jedoch vorsichtig, daß du ihren Rat nicht auf Grund eines eigenen falschen Verständnisses dieser Schriftstellen ablehnst. Sei demütig genug, um ehrlich nachzuprüfen, ob dein eigenes Verständnis der Bibel in bezug auf den Rat, den sie dir gegeben haben, richtig, teilweise richtig oder gar falsch ist.

Achte darauf, wen du als Ratgeber wählst. Vergewissere dich erstens, daß die Person wiedergeboren ist, sonst wird sie dir verkehrte Ratschläge geben. Wähle weiter eine Person, in deren Leben **Frucht** des Heiligen Geistes wie Geduld, Freundlichkeit, Selbstlosigkeit, Demut und Friedfertigkeit zu finden ist (vgl. Galater 5, 22). Suche jemand, der sehr darauf aus ist, sich auf Gott und den Heiligen Geist zu verlassen, und der den Lehren der Heiligen Schrift immer **gehorsamer** werden möchte. Vermeide Personen, die viel von sich halten und über sich reden oder die stolz und selbstsicher sind.

Beachte, daß geistliche Reife nur in manchen Fällen im Verhältnis zu den Jahren im Gemeindedienst zunimmt. Manche haben viele Jahre Theologie studiert und gelehrt, kennen Gott aber dennoch nicht sehr gut.

Sei offen für den Rat geistlicher Führer. Erwäge ihren Rat in demütigem Gebet und prüfe ihn anhand der Bibel.

Fragen zum Bibelstudium

Kapitel 17
Ratschläge von Gläubigen

1. Was sind die Vorteile, wenn du Rat von den Verantwortlichen der Gemeinde suchst?
2. Welche Gefahren müssen dabei vermieden werden?

18
Weitere beachtenswerte Punkte

Gott gibt manchmal keine Begründung

Manchmal gibt Gott, wenn er dich durch ein inneres Zeugnis, eine innere Stimme, einen Traum oder eine ähnliche übernatürliche Weise führt, gleichzeitig Gründe an, warum du dies tun sollst. In anderen Fällen jedoch erwartet er von dir, daß du dich von ihm leiten läßt, auch wenn er dir überhaupt nicht zeigt, warum du dies tun sollst.

Vor einiger Zeit erlebte ich dies persönlich. Mir wurde eine Stelle als Lehrer an einer christlichen Privatschule angeboten.

Die Bezahlung wäre besser gewesen wie bei der Stelle, die ich gerade hatte. Es war eine Schule, in welcher der Religionsunterricht wichtig genommen wurde und in der ich mit anderen Christen hätte zusammenarbeiten können. Es gab so viele gute Dinge im Zusammenhang mit dieser Schule, daß meine menschliche Vernunft mir sagte, daß ich diese Stelle unbedingt annehmen sollte.

Nachdem ich jedoch zwei oder drei Stunden mit Gott geredet hatte und versuchte, auf seine Stimme zu hören, geschah folgendes: Jedesmal, wenn ich mir vorstellte, daß ich in den Klassenzimmern dieser Schule unterrichtete, bekam ich ein unangenehmes Empfinden und einen Unfrieden in meinem Geist.

Wenn ich mir jedoch vorstellte, daß ich nicht an dieser Schule arbeitete, bekam ich großen Frieden und Freude in meinem Geist. Und dies geschah, obwohl mir meine Vernunft und mein gesunder Menschenverstand sagten, daß ich diese Stelle unbedingt annehmen sollte.

Ich gehorchte dem inneren Zeugnis des Heiligen Geistes, obwohl mir Gott damals keinen einzigen Grund zeigte, warum ich diese Arbeitsstelle nicht annehmen sollte. Er wollte, daß ich seiner Stimme gehorchen lernte, ohne zu wissen, warum ich so handeln sollte.

Der Hauptgrund, warum der Geist Jesu dich manchmal in einer bestimmten Richtung leitet, ohne dir irgendwelche Gründe dafür anzugeben, ist sein Verlangen, dich zu lehren, dich **nicht so selbstsicher** auf deinen Verstand zu verlassen. Er möchte, daß dein Verstand immer mehr von ihm selbst kontrolliert und erfüllt wird.

Dein Verstand muß aufhören, sich auf seine eigenen logischen Fähigkeiten zu verlassen, indem er willig wird, etwas zu tun, was der Geist Gottes ihm sagt, auch wenn er keinen Grund dafür weiß, warum er dieser Führung gehorchen sollte. Dadurch muß sich dein Verstand immer mehr auf die Führung des Geistes Jesu verlassen. Dein Verstand gehorcht dann Gottes Befehl in Galater 5, 16; 5, 25 und Römer 8, 5–8.

Erst fünf Wochen, nachdem ich dem christlichen Schulleiter abgesagt hatte, zeigte mir Gott, warum er nicht wollte, daß ich diese Arbeit übernehmen sollte. Dies war für mich eine ganz wichtige Lektion.

Denke an Josua und Abraham

Ein Beispiel in der Bibel, wie eine Anzahl Gläubige von Gott geleitet wurden, etwas zu tun, ohne daß Gott ihnen irgendeinen Grund dafür angab, ist in dem schon früher zitierten Beispiel aus Josua 6, 2–5 zu sehen. Hier befahl Gott Josua und seinen Soldaten, sieben Tage lang etwas zu tun, was für ihre natürliche Vernunft völlig unsinnig schien. Lies diese Verse!

Gott gab Josua und seinen Soldaten diesen Befehl, der gar nicht menschlicher Militärtaktik entsprach, um sie zu ermutigen, sich nicht so sehr auf ihren begrenzten menschlichen Verstand zu verlassen. Sie sollten ihr **Selbstvertrauen begraben** (vgl. 2. Korinther 4, 10 und 12, 9+10) und ihren Verstand stattdessen mehr von Gott regiert werden lassen (vgl. Galater 5, 16, Römer 8, 5–8), indem sie der Führung der Heiligen Geistes folgten, ohne ein natürliches Verständnis dafür zu haben, **warum** sie solche Dinge tun sollten.

Abraham mußte ähnliche Situationen mitmachen. Gott hatte ihm kein Kind gegeben, während er und Sara körperlich dazu fähig waren. Später beschloß Gott, ihnen stattdessen ein Kind zu geben, als er und Sara körperlich zu alt waren, um ein Kind zu bekommen (vgl. 1. Mose Kapitel 12–21). Später bekam er den Auftrag von Gott, seinen Sohn zu opfern (vgl. 1. Mose 22).

In beiden Fällen gab Gott Abraham **keinen Grund an, warum er wollte, daß diese Ereignisse gerade so geschehen sollten.** Wie in Sprüche 3, 5 gefordert, mußte Abraham dem Herrn vertrauen und nicht auf seinen eigenen Verstand.

Was würdest du in ähnlichen Umständen tun?

Engel, Visionen, Träume und hörbare Stimmen

In der Apostelgeschichte und anderen Büchern der Bibel finden wir Beispiele, wie Gott die Gläubigen führte. Manchmal erhielten sie auch Leitung durch eine Vision, einen Traum oder eine hörbare Stimme. Anderen erschien ein Engel, der ihnen sagte, was sie tun sollten. Solche außergewöhnlichen Dinge geschahen jedoch nicht jeden Tag im Leben dieser Menschen. In den meisten Fällen geschahen sie nur **einmal** oder **zweimal** in einem ganzen **Leben.** Dies sind also nicht die wichtigsten Arten, durch die Gott redet. Wenn du das Leben der Menschen in der Bibel betrachtest, wirst du **nie beobachten,** daß sie eine Vision, einen Traum, eine hörbare Stimme oder den Besuch eines Engels **suchten.** Du wirst jedoch auch herausfinden, daß sie diese Dinge nicht ablehnten, als sie geschahen (vgl. Matthäus 2, 12; 2, 13+14; 2, 19–21; 2, 22; Luk. 1, 11–22; 1, 26–38; 2, 9–20; Apg. 1, 10+11; 9, 3–7; 10, 9–48; 16, 9–12 und viele anderen Stellen).

Du mußt dabei jedoch sehr vorsichtig sein, weil auch Dämonen Engel nachahmen können. Vergleiche Galater 1, 8 und auch 2. Korinther 11, 14, wo es heißt:

»Sogar der Satan ***verstellt sich und gibt sich für einen Engel aus!*** *« (G. N.).*

Du solltest außerdem beachten, daß es Träume gibt, die lediglich ein Ergebnis von dem sind, was du in den vorhergehenden Tagen gedacht hast. Auch kannst du einen Alptraum bekommen, wenn du vor dem Zubettgehen zuviel gegessen hast. Es besteht ferner die Gefahr, daß Dämonen Gott nachahmen und in einer hörbaren Stimme zu dir sprechen.

Beachte weiter, daß nicht alle Visionen von Gott sind. In der Bibel wird von Menschen berichtet, die irrtümlicherweise behaupteten, Visionen von Gott gehabt zu haben (Kolosser 2, 18, G. N.). Manche verkehrte Visionen sind ein Ergebnis satanischer Wunder (vgl. Matthäus 24, 24; Offenbarung 16, 14), andere sind ein Ergebnis menschlicher **Vorstellung** oder **Lüge** (vgl. 5. Mose 18, 21+22; Jeremia 14, 14; 23, 16).

Versuche nie, Gott zu zwingen, dir eine Vision zu geben, einen Engel zu dir zu senden oder zu dir mit einer Stimme zu sprechen, die durch deine körperlichen Ohren zu hören ist! Wenn du Gott auf diese Weise zum Reden zwingst, könnte ein Dämon dich betrügen, indem er Gottes hörbare Stimme nachahmt, sich als Engel ausgibt oder dir eine okkulte Art von Vision vermittelt.

Wenn du jedoch meinst, solch eine besondere Erfahrung gemacht zu haben, dann **prüfe sie** (vgl. 1. Thessalonicher 5, 21), um zu sehen, ob sie in **Übereinstimmung** mit den Lehren der Bibel ist.

Fußnote: Manche Christen, denen ich begegnet bin, kennen den Unterschied nicht zwischen einer Vision und einem geistigen Bild, das in unserem Verstand durch die innere Stimme des Heiligen Geistes hervorgerufen wird. Ich kann dir das Wort »Hund« zurufen. Dies wird sehr wahrscheinlich das geistige Bild eines Hundes in deinem Verstand hervorrufen. Auf dieselbe Weise kann dir Gott zum Beispiel das Wort »Schild« durch die innere Stimme mitteilen. Dadurch wird sehr wahrscheinlich das geistige Bild eines Schildes in deinem Verstand erzeugt. Dies unterscheidet sich aber sehr von einer Vision. Visionen sind viel **auffälliger und ungewöhnlicher**.

Geistige Bilder, die durch die innere Stimme des Heiligen Geistes verursacht werden, sind **viel häufiger** als Visionen.

Das Wort »Vision« hat **mehrere Bedeutungen**. Es kann zum Ausdruck bringen, daß du einen Blick für ein bestimmtes Ziel hast. Außerdem kann es sich auf ein geistliches Bild beziehen, das durch deinen Verstand verursacht wurde, was sich ebenfalls von einem Bild unterscheidet, das die innere Stimme des Heiligen Geistes in dir gewirkt hat.

Eine weitere Unsicherheit und Verwirrung über Visionen entsteht dadurch, daß das Wort »Vision« in verschiedenen Büchern anders definiert oder verwendet wird.

Gott führt dich Schritt für Schritt

Wenn Gott uns führt, tut er dies gewöhnlich **Schritt für Schritt.** Er sagt uns meist erst, was wir als nächstes tun sollen, nachdem wir der vorhergehenden Anweisung des Heiligen Geistes gehorcht haben. Gott zeigt uns nicht **alles,** was in der Zukunft geschehen wird. Er will dadurch erreichen, daß wir nicht der Meinung verfallen, wir könnten unser eigenes Leben führen, ohne täglich durch seinen Geist geleitet zu werden. Dies läßt uns also erkennen, wie unbedingt notwendig es ist, **jeden Tag** sich mehr und mehr auf den Geist Gottes in uns **zu verlassen.**

Ein Beispiel dafür ist Paulus in Apostelgeschichte 16, 6–10. Hier bekamen Paulus und Silas zunächst den Auftrag durch den Heiligen Geist, nicht nach Asien zu gehen. Sie versuchten dann, nach Bithynien zu reisen. Doch der Geist Jesu offenbarte ihnen dann, daß dies nicht Gottes Wille war (Verse 7+8). Dann offenbarte Gott Paulus in einem Traum, daß sie nach Mazedonien gehen sollten. Paulus und Silas gehorchten jedem dieser Schritte. Dabei sollten wir weiter beachten, daß Paulus nach Mazedonien ging, **ohne zu wissen,** daß er dort einen Dämon austreiben und schließlich in einem schrecklichen Gefängnis landen würde, aus dem ihn Gott durch ein Erdbeben befreien und dann den Gefängnismeister und seine Familie zur Bekehrung führen würde. Gott führt Schritt für Schritt.

Andere Gründe, warum Gott uns Schritt für Schritt leitet, sind folgende: Wenn wir erstens alles über die Zukunft wissen würden, könnten wir **stolz** über die guten Dinge werden, die uns geschehen. Wenn wir zweitens viel von der Zukunft wüßten, würden wir möglicherweise **furchtsam,** weil wir all die Schwierigkeiten und Tragödien wissen, die in unserem Leben geschehen werden.

Verlaß dich völlig auf Gott

Wie wichtig es ist, sich völlig auf Gott und seine Führung zu verlassen, möchte ich an einem persönlichen Erlebnis zeigen. Während ich einmal am Strand in Australien schwamm, kam ich in eine gefährliche Strömung und wurde ins Meer hinausgetrieben. Ich konnte nicht gut genug schwimmen, um das Ufer wieder zu erreichen.

Während ich mich durch Wassertreten an der Oberfläche hielt, betete ich: »Herr, ich übergebe mich selbst völlig in deine Hände. Ich bin bereit, alles zu tun, was du mir in dieser Lage sagst.« Bist du so völlig Gott hingegeben? Manchmal verliere ich diese völlige Hingabe, aber dann versuche ich immer, wieder zur selben Bereitwilligkeit zum Gehorsam zurückzukehren.

Als ich immer weiter vom Ufer abgetrieben wurde, sagte ich zu Gott: »Ich kann nicht sterben, Herr, weil du mir so viele Dinge gesagt hast, die ich vor meinem Tod noch tun muß.« Gott hatte mir in den vorhergehenden Jahren viele Dinge gezeigt, die damals noch nicht in Erfüllung gegangen waren. Darauf konnte ich meinen Glauben stützen, daß ich nicht sterben würde. Du kannst im Glauben ja nur dann richtig sicher sein, daß dein Gebet auch erhört wird, wenn du ein Wort des Herrn als Grundlage für dein Gebet hast (vgl. Römer 10, 17).

Ich weigerte mich, der Angst Raum zu geben, obwohl mir dies nicht leicht fiel. Furcht ist ja das Gegenteil von Glaube und Vertrauen auf Gott (vgl. Matthäus 8, 26; Markus 4, 40; Lukas 8, 50 und Matthäus 14, 30+31). Auf meinen Glauben hin ließ Gott einen jungen Freund mit einem Surfbrett herauskommen und mich retten.

Manchmal müssen wir in Todesgefahr kommen, ehe wir willig werden, Gott mehr zu gehorchen. Doch wenn wir diese höhere Stufe der Hingabe erreichen, werden wir erleben, wie die Kraft des Heiligen Geistes in unserem Verstand, in unseren Gefühlen und unserem ganzen Leben sichtbarer wird.

Fragen zum Bibelstudium
Kapitel 18
Weitere beachtenswerte Punkte

1. Suche einige Beispiele in der Bibel von Gläubigen, denen Gott den Auftrag gab, etwas zu tun, ohne ihnen einen Grund dafür anzugeben.
2. Suche ebenfalls Beispiele in der Bibel, wie Gott Personen Schritt für Schritt führte.